丝路物语书系

主编 李炳武

包罗万象的史前聚落

本册主编 张希玲

西安半坡博物馆

西安出版社

图书在版编目（CIP）数据

包罗万象的史前聚落——西安半坡博物馆 / 李炳武
主编 . — 西安 ：西安出版社，2019.11（2021.5重印）

ISBN 978-7-5541-4358-2

Ⅰ . ①包… Ⅱ . ①李… Ⅲ . ①博物馆-历史文物-介
绍-西安 Ⅳ . ①K872.741

中国版本图书馆CIP数据核字(2019)第267873号

丝路物语 书系

包罗万象的史前聚落

西安半坡博物馆

BAOLUOWANXIANG DE SHIQIANJULUO
Xi'AN BANPO BOWUGUAN

出 版 人：屈炳耀
主　　编：李炳武
本册主编：张希玲
策划编辑：李宗保　张正原
项目统筹：张正原
责任编辑：张正原　徐　妹
美术编辑：李南江
责任校对：曹改层
责任印制：尹　苗
出版发行：西安出版社
社　　址：西安市曲江新区
　　　　　雁南五路1868号影视演艺大厦11层
电　　话：（029）85253740
邮政编码：710061

印　　刷：永清县晔盛亚胶印有限公司
开　　本：787mm×1092mm　1/16
印　　张：16.25
字　　数：160千
版　　次：2019年11月第1版
印　　次：2021年5月第2次印刷
书　　号：ISBN 978-7-5541-4358-2
定　　价：78.00元

如有印刷、装订问题，本社负责另换。

编委会

阅读文物 拥抱文明

郑欣淼

文物所折射出的恒久魅力，已为越来越多的人所认识。今天呈现在读者面前的这部"丝路物语"书系，就是这一魅力的具体体现。

"让收藏在博物馆里的文物、陈列在广阔大地上的遗产、书写在古籍里的文字都活起来。"（习近平语）党的十八大以来，习近平总书记担负着实现中华民族伟大复兴的历史重任，饱含着对传统文化的深厚感情，让文物活起来始终为其所关注、所思考。让文物活起来，就是深入挖掘文物的内涵，充分发挥文物的作用。中国文物是中华民族的文明印记和精神标识，是全体中国人乃至全人类的珍贵财富；它对于激发人民群众对中华优秀传统文化的了解、认同和热爱，坚定文化自信，汇聚发展力量等作用是不言而喻的。

近年来，一些优秀的文物类书籍、综艺节目、纪录片、文化创意产品等不断涌现，文化遗产元素成为国家外交的桥梁，文物逐渐成为"网红"并受到越来越多年轻人的青睐，这些都充分彰显着"让文物活起来"已逐渐从理念转化为行动，那些在历史长河中积淀下来的文物珍存正在不断走近百姓、融入时代、面向世界。

说到文物，不能不把眼光聚焦于丝绸之路。人类社会交往的渴望推动了世界文明间的相互交融和渗透，中华文明与亚、欧、非三大洲的古代文明很早就发生接触，相互影响，相互交流。直到1877年，德国地理学家李希霍芬在他的著作《中国——我的旅行成果》里首次提出了"丝绸之路"的概念。近半个世纪以来，随着丝绸之路考古发现和学术研究的不断深入，极大地开阔了人们的视野。特别是"一带一路"倡议的全面推进，丝绸之路研究更成为国际显学。在古代文明交流史上，丝绸之路无疑是极其璀璨的一笔。它承载着千年古史，编织着四方文明。也正因为丝绸之路无与伦比的历史积淀，形成了独特的历史文化遗产，其数量之大、等级之高、类型之丰富、序列之完整、影响之深远，都是世所公认的。神秘悠远的古代城址、波澜壮阔的长城关隘烽燧遗址、精美绝伦的艺术品、气势磅礴的帝王陵墓、灿若星辰的宫观寺庙、瑰丽壮美的石窟寺……数不清道不尽的文物珍宝，足以使任何参观者流连忘返，叹为观止。2014年，"丝绸之路：长安—天山廊道的路网"成功跻身《世界文化遗产名录》，使丝绸之路迎来了新的历史机遇，也对广大文化文物工作者提出了新的要求。

"让文物说话，把历史智慧告诉人们。"这是习近平总书记的谆谆嘱托。中华文化优雅如斯，如何让文物说话，飞入寻常百姓家，是当下无数文化界人士亟待攻坚的课题，亦是他们光荣的使命。客观来讲，丝绸之路方面的论著硕果累累，但从一般读者角度，特别是从当下文化与旅游结合角度着眼的作品不多，十分需要一套全面系统地介绍丝绸之路文物故事的读物。令人欣喜的是，西安出版社组织策划了这套颇具规模的"丝路物语"书系，并由李炳武先生担任主编，弥补了这一缺憾。李炳武先生曾经长期在文物文化领域工作，也主持过"中华国宝·陕西珍贵文物集成""长安学丛书"和《陕西文物旅游博览》等大型文物类图书的编纂工作，得到了业界的充分肯定；加之丛书的作者都是有专业素养的学者，从而保证了书稿的质量。

如何驾驭丝绸之路这样一个纵贯远古到当今、横贯地中海到华夏大地的话题，对于所有编写者来说，都是具有挑战性的。这套书的优点或者说特点，可以概括为以下几个方面：

这套书最大的一个优点，就是大而全。从宏观的视野，用简明的线条，对陆上丝绸之路的博物馆、大遗址进行了全景式梳理，精心遴选主要文物，这些国宝的历史、艺术和科学价值在字里行间一一呈现。

丝绸之路文化遗产类型丰富，作者在文中并没有局限于文物本身的解读，还根据文物的特点做了大量的知识拓展，包括服饰的流变，宗教的传播，马匹的驯化，葡萄等水果的东传，纸张的发明和不断改进，医学的发展，乐器、绘画、雕刻、建筑、织物、陶瓷等视觉艺术的交互影响，等等。其中既有交往的结果，也有战争的推动。总体而言，这些内容是讲述丝绸之路时所不可或缺的内容，使读者透过文物认识了丝绸之路丰富的文化内涵。

值得称道的是，这套书采取探索与普及相结合的方式，图文并茂，力求避免学究气的艰涩笔调，加入故事性、趣味性，使文字更具可读性，达到雅俗共赏的目的。通过图书这一载体，能够使读者静静地品味和欣赏这些文物，传达出对历史的沉思和感悟，完善自己对文物、丝绸之路和文化的认知。读过这套书后，相信读者都会开卷有益，收获多多，文物在我们眼中也将会是另一番面貌。

我们有幸正处于坚持以人民为中心的改革发展伟大时代，每一件文物，都维系着民族的精神，让文物活起来，定会深入人心、蔚为大观。此次李炳武先生请我写序，初颇踟蹰，披卷读来，犹如一场旅行，神游历史时空之浩渺无垠，遐思华夏文化之博大精深。兼善天下，感物化人历来是每一个中国知识分子的精神所属，若序言能为一部作品锦上添花，得而为普及民众的文物保护意识起到促进作用，何乐而不为？

是为序。

· 郑欣淼 · ....
原中国文化部副部长、故宫博物院原院长、中华诗词学会会长、著名历史文化学者。

丝路物语话沧桑

李炳武

2013 年 9 月，中国国家主席习近平访问哈萨克斯坦时，在纳扎尔巴耶夫大学发表演讲，首次提出共同构建"丝绸之路经济带"的宏伟倡议。2014 年 6 月，"丝绸之路：长安—天山廊道的路网"成功跻身《世界文化遗产名录》。

丝绸之路是世界上路线最长、影响最大的文化线路。丝绸之路是指起始于古代中国的政治、经济、文化中心——古都长安（今西安）连接亚洲、非洲和欧洲的古代陆上商业贸易路线。它跨越陇山山脉，穿过河西走廊，通过玉门关和阳关，抵达新疆，沿绿洲和帕米尔高原通过中亚、西亚和北非，最终抵达非洲和欧洲，向南延伸到印度次大陆。这条伟大的道路沟通了中国、印度、希腊三大文明，它是一条东方与西方之间经济、政治、文化进行交流的主要道路，促进了欧亚大陆不同国家、不同文明之间在商贸、宗教、文化以及民族等方面的交流与融合，为人类社会的共同发展和繁荣做出了卓越贡献。

公元前 138 年，使者张骞受汉武帝派遣从陇西出发，出使月氏。13 年中，他的足迹踏遍天山南北和中亚、西亚各地。在随后的 2000 多年间，无数商贾、旅人沿着张骞的足迹，穿越驼铃叮当的沙漠、炊烟袅袅的草原、飞沙走石的戈壁，来往于各国之间，带来了印度、阿拉伯、波斯和欧洲的玻璃、红酒、马匹，宗教、科技和艺术，带走了中国的丝绸、漆器、瓷器和四大发明，举世闻名的丝绸之路渐渐形成。

用"丝绸之路"来形容古代中国与西方的文明交流，最早出自德国著名地理学家李希霍芬1877年所著的《中国——我的旅行成果》一书。由于这个命名贴切写实而又富有诗意，很快得到学术界的认可，并风靡世界。

近年来，丝绸之路迎来了新的历史机遇，沿丝绸之路寻访探秘的人络绎不绝。发展丝路经济，研究丝路文明，观赏丝路文物成了新时代的社会热潮。中央文化产业发展专项资金资助项目"丝路物语"书系便应运而生。在本书和读者见面之际，作为长安学研究者、"丝路物语"书系的主编，就该书的选题范围、研究对象、编写特色及意义赘述于下：

"丝路物语"书系，以"丝绸之路：长安—天山廊道的路网"遗产及相关博物馆为选题范围。该遗产项目的线路跨度近5000千米，沿线包括了中心城镇遗迹、商贸城市、聚落遗迹、交通遗迹、宗教遗迹和关联遗迹五类代表性遗迹以及沿途丰富的特色地理环境。共计包括三个国家的33处遗产点，其中吉尔吉斯斯坦境内3处，哈萨克斯坦境内8处，中国境内22处。属丝绸之路东段的重要组成部分，在丝绸之路交通与交流体系中具有独特的起始地位和突出的代表性。它形成于公元前2世纪，兴盛于公元6至14世纪，沿用至16世纪，连接了东亚和中亚大陆上的中原地区、河西走廊、天山南北与七河地区四个地理区域，分布于今中华人民共和国、哈萨克斯坦共和国和吉尔吉斯斯坦共和国境内。沿线遗迹或壮观巍峨，或鬼斧神工，或华丽精美，见证了欧亚大陆在公元前 2 世纪至公元 16 世纪之间人类文明进步的重要阶段，以及在这段时间内多元文化并存的鲜明特色。

"丝路物语"书系，每册聚焦古丝绸之路上的一座博物馆、一处古遗址或一座石窟寺，力求立体全面地展示丝绸之路上的历史遗存、人文故事和风土人情。这是一套丝绸之路旅游观光的文化指南，从中可观赏到汉代桑蚕基地的鎏金铜蚕，饱览敦煌石窟飞天的婀娜多姿，聆听丝路古道上的声声驼铃。古丝绸之路是人类文明的宝贵遗产，记录着社会的沧桑巨变，这也是一部启封丝路文明的记忆之书。

"丝路物语"书系，以阐释文物为重点。文物是中华民族的精神标识。"要让收藏在博物馆里的文物、陈列在广阔大地上的遗产、书写在古籍里的文字都活起来。"这对于激发人民群众对中华优秀传统文化的了解、认同和热爱，坚定文化自信，汇聚发展力量不可小觑。

文物是不可再生的国之珍宝，从中可折射出人类文明的恒久魅力。对文化的认同感与归属感应当成为一种生活状态。我们从梳理丝绸之路沿线博物馆馆藏文物、石窟寺或大遗址为契机，从文化的立场阐释文物的历史意义，每篇文章涵盖了文物信息的描述、历史背景的介绍、文物价值的分享和知识链接等板块，在聚焦视角上兼顾学术作品的思想层与通俗作品的故事层双重属性，清晰地再现文物从物质性到精神性的深层转变，着力探讨文物作为一种精神力量对历史的思考。用时空线索描绘丝绸之路的卓越风华，为读者梳理丝绸之路的文化影响，以文物揭示历史规律，彰显更深层、更本质的文化自信，激发读者的民族自豪感。"丝路物语"书系以文物为研究对象，从中甄选国宝菁华，讲述它们的前世今生。试图让读者从中感受始皇地下军团的烈烈秦风，惊叹西汉马踏匈奴的雄浑奔放，仰慕大唐《阙楼仪仗图》的盛世恢宏，这是一部积淀文化自信的启智之作。

　　"丝路物语"书系，以互动可读为特色。在大众传媒多元数字化的背景下，综合运用现代科技的引进更能推动文化传播的演变进入一个崭新的领域，相契于文字的解读，更透出传统文化的深邃意蕴。为多维度营造文化解读的可能性，吸引更多公众喜欢文物、阅读文物，"丝路物语"可谓设计精良，处处体现出反复构思、创新的态度。设计重点关注视觉交流的层面，借助丰富的图像资料和多媒体技术大幅强化传统文化元素可视、可听、可观的直接特征，有效提升文化遗产多维度的观感效果。古人著书立说重字画兼备，"宣物莫大于言，存形莫善于画"，所以由"图书"一词合称。本书系选用了大量专业文物图片，整体、局部、多角度展示，让读者在阅读文字之余通过精美的图片感受文化的震撼与感动，让读者更好地认知历史、感知经典，体验当代创新之趣。

　　"丝路物语"书系，以弘扬互利共赢的丝路精神为使命。"丝绸之路：长安—天山廊道的路网"在东亚古老的华夏文明中心和中亚历史悠久的区域性文明中心之间建立起长距离的交通联系，在游牧与定居、东亚与中亚等文明交流中具有重要意义，并见证了古代亚欧大陆人类文明与文化发展的主要脉络及若干重要历史阶段以及突出的多元文化特征，是人类进行长距离交通、商贸、文化、宗教、技术以及民族等方面长期交流与融合的文化线路杰出范例。

2000多年前，我们的先辈筚路蓝缕，穿越草原沙漠，开辟出联通亚欧非的陆上丝绸之路。这不仅是一条通商易货之道，更是一条文化交流之路。沿着古丝绸之路，中国将丝绸、瓷器、漆器、铁器传到西方，也为中国带来了胡椒、亚麻、香料、葡萄、石榴。沿着古丝绸之路，佛教、伊斯兰教及阿拉伯的天文、历法、医药传入中国，中国的四大发明、养蚕技术也由此传向世界。更为重要的是，商品和文化交流带来了观念创新。比如，佛教源自印度，却在中国发扬光大，在东南亚得到传承。儒家文化起源于中国，却受到欧洲莱布尼茨、伏尔泰等思想家的推崇。这是交流的魅力，互鉴的成果。这些各国不同的异质文化，犹如新鲜血液注入华夏文化肌体，使脉搏跳动更为雄健有力。古丝绸之路绵亘万里，延续千年，积淀了以和平合作、开放包容、互学互鉴、互利共赢为核心的丝路精神。

新时代、新丝路、新长安。2017年，习近平主席在"'一带一路'国际合作高峰论坛"上指出：古丝绸之路是人类文明的宝贵遗产。为让这些遗产、文物鲜活起来，西安出版社策划出版的"丝路物语"书系，承载着别样的期许与厚望，旨在以丝绸之路的隽永品格对话当代社会的文化建构，以高度的文化自觉唤醒当代社会的文化自信。

我们作为丝绸之路起点长安的文化工作者，更应该饱含对传统文化的深厚感情，自觉担负起实现中华民族伟大复兴的历史重任，充分运用长安学的最新研究成果，为保护、研究和传承人类文明的宝贵遗产尽心尽力，助推"一带一路"伟大事业的蓬勃发展。

精品力作是出版社的立身之本，亦是文化工作者的社会担当。"丝路物语"书系的出版，凝聚着众多写作和编辑人员的思考与汗水。借此，特别感谢郑欣淼部长的热情赐序；感谢策划人、西安出版社社长屈炳耀先生的睿智选题与热情相邀；感谢相关遗址、博物馆领导的支持和富有专业素养的学者和摄影人员的精心创作；更要感谢西安出版社副总编辑李宗保和编辑张正原认真负责、卓有成效的工作。

"丝路物语"书系的出版虽为刍荛之议、管窥之见，但西安出版社聆听时代声音、承担时代使命以及致力于激活文化遗产、传播中国声音的决心定将引领其走向更远的未来。

是为序。

· 李炳武 ·
陕西省文物局原副局长、陕西省文史馆原馆长、"长安学"创始人、陕西师范大学国际长安学研究院首任院长、三秦文化研究会会长、长安学研究中心主任、著名历史文化学者。

新石器时代·红陶双耳尖底瓶

目录

丝路物语

西安半坡博物馆

六千多年前，半坡母系氏族在水草丰茂的浐河边开始了农耕定居的生活。他们日出而作，日落而息；他们身处大自然，探寻万物的奥秘；他们一路披荆斩棘，在遍地洪荒中用辛勤和智慧创造了辉煌灿烂的远古文明。今天，这些『人类童年的照片和日记』被时光留在了西安半坡博物馆。无论是半坡人居住的房屋，还是墓穴，还是耕种的田地，还是他们使用过的器具，都充满了他们对生活的希望，并把人类童年的天性和创造力精彩地呈现在我们的面前。

半坡遗址

史前聚落考古的第一画卷

半坡遗址是我国考古史上第一次大面积揭露的史前聚落遗址，让人们能够在比以往更大的尺度上观察古代社会，确立了我国新石器时代仰韶文化半坡类型。

半坡遗址是一座母系氏族社会繁荣时期遗留的村落遗址，是黄河中游地区新石器时代母系氏族聚落的典型代表，发现时保存面积约5万平方米。

半坡遗址发现于1953年春，1954—1957年由中国科学院考古研究所进行了五次大规模发掘。这是中国考古学历史上第一次采用大面积揭露的方式对大型原始聚落遗址进行的田野发掘，发掘面积约1万平方米，发现了包括一大一小两套围护居住区的环壕、40多座房屋基址（最大的达160平方米）、200多个窖穴、6座陶窑、250余座各类墓葬在内的丰富的遗迹以及石器、陶器、骨器、装饰品等上万件文物，认识了包含有居住区、制陶区、墓葬区的聚落区划。依据发掘的原始资料，于1963年编辑出版了《西

半坡遗址发掘之前原貌

安半坡——原始氏族公社聚落遗址》发掘报告。1970年和2002—2005年，考古工作者又对半坡遗址进行了发掘，获得了包括祭祀遗迹在内的新的重要发现。这些考古资料，较全面地反映了原始先民的生产生活和社会组织形式。

考古发掘证明，半坡遗址是一处距今约6800—6300年、占地面积约5万平方米、保存较为完整的新石器时代仰韶文化聚落遗址。因其丰富的遗存和对于中国文物考古学事业发展以及史前人类社会史研究的重要性，半坡遗址于1961年被国务院公布为全国第一批重点文物保护单位。在半坡遗址原址上建立的西安半坡博物馆，则是中国第一座史前聚落遗址博物馆。

根据发掘结果，考古学家认识到，半坡聚落是一个包含居住区（生活

半坡遗址发掘场景

区）、制陶区（生产区）、墓葬区等在内，有着明确区划的聚落。这些区划以环壕为界。其中，居住区位于环壕之内。其中心位置是一座大型房屋，其余地方密集分布着中小型房屋。所有中小型房屋都朝向大型房屋，形成向心布局；制陶区位于居住区东北方向环壕外侧；墓葬区位于居住区以北环壕之外。半坡聚落废弃后，遗留下丰富的遗迹。

半坡遗址的发掘和研究，不只是向人们揭开了一处当时还鲜为人知的史前遗址的神秘面纱，揭示了新石器时代仰韶文化母系氏族聚落的社会组织、生产生活、经济形态、婚姻状况、风俗习惯、文化艺术等丰富的文化内涵，在中国史前考古学上具有承前启后、继往开来的意义。

半坡遗址是我国考古史上第一次大面积揭露的史前聚落遗址，让人们能够在比以往更大的尺度上观察古代社会，确立了我国新石器时代仰韶文化半坡类型，是我国新石器时代考古学文化区、系、类型研究的开端，并开创了我国聚落考古学、环境考古学研究的尝试。半坡遗址的发掘成果——《西安半坡——原始氏族公社聚落遗址》，开创了我国史前考古发掘报告编写的基本模式，为我国考古界培养了一批卓有成就的考古学家，为我国文物考古事业的蓬勃发展打下了坚实的基础。

半坡遗址出土文物展厅

半坡聚落周边的自然环境和动植物资源

依山傍水好地方

当今世界，城市化进程加快，城市人口在总人口中所占的比例增高。中国人历来安土重迁，喜欢过着几世同堂，聚族而居的日子。然而今天，人们纷纷放弃了祖辈们面朝黄土背朝天的农耕生活，离开了世代居住的村庄，来到原本陌生的城市，追求和以往截然不同的生活。现在城市、学校、医院、银行、商场等公共服务性场所比较多，也比较集中，不论是生活需求还是工作机会，远比农村要便利得多。但也有一些人，放弃城市生活而搬到农村居住，因为他们厌烦了城市拥挤、嘈杂的环境、忙碌的社交、工作生活，向往农村宁静和不受污染的环境，真诚而有烟火的生活气息。可见，不同的人对生活环境有着不同的要求和追求。那么，6000 年前的半坡人，

植物果实——榛子

新石器时代（约6000年前）
1953-1957年西安半坡遗址出土
现藏于西安半坡博物馆

生活在怎样的环境中？

　　今天的人们能够在博物馆里看到半坡时代人们所居住的房屋、使用的器具，了解他们吃的食物、穿的衣服，知道他们所从事的生产、生活活动，感受他们的风俗、信仰、审美观念等，都是因为 20 世纪 50 年代及以后，对半坡遗址进行的几次发掘。同样，今天的人们能知道当时半坡聚落周边的自然环境，也是依赖发掘半坡遗址时所获得的相关遗物。

　　对半坡遗址的发掘，获得了大量的遗物。这些遗物主要是人工制品，如陶器、石器、骨器、装饰品等，但也有少量的自然物，包括动物遗骸和植物孢粉。通过对这些自然物的筛选、整理、分类、研究，人们得以了解了半坡聚落周边的自然环境和动植物资源，随之也理解了为什么半坡先民选择在这个地方居住、劳动、繁衍生息。

自然环境

　　从遗址中获得的动物遗骸和植物标本中，有些属于温暖湿润地区才有的物种，由此得知，半坡人生活的时代，气候相当温暖湿润。当时的植被受人类的影响较小，河边和平原上长有较多的树木和茂密的野草。这些茂盛的植物既能蓄水，又能保土。因此，水土流失也不像当今这么严重。当时，浐河、灞河和渭河的水量比现在多，而且更加清澈。河水虽然因季节变化有涨有落，但总体上水势平缓，很少暴涨暴落。充足的河水在河畔形成许多湖沼。半坡聚落所在的位置，西濒浐河，东距灞河，因此，生活用水和生产用水都相当方便。

依山傍水是我国人民自古以来普遍追求的好"风水"。半坡聚落离水很近，离山也不远。在它的东南方向仅几公里，就是著名的白鹿原。

俗话说：靠山吃山，靠水吃水。半坡聚落所处的位置，背靠白鹿原，面向浐河、灞河，因而人们能够享有山上、水中的丰富资源，包括可供食用的各种野兽、鱼虾和野生果蔬以及可利用的各种材料，包括树木、竹子和藤条、芦苇、杂草等。

植物资源

温暖湿润的环境，必然会产生茂盛的植被。通过从遗址地层中筛选出的植物孢子、花粉和果实、种子，得知在半坡聚落附近，当时有着种类丰富的植物，常见的包括：

铁杉：常绿乔木，高可达 30 米，分布于亚热带至暖温带。

松：常绿乔木，重要的建筑用材，其果实——松果可供食用。

云杉：常绿乔木，木材质轻、细腻，可做建筑材料。

栎树：也叫橡树，落叶乔木，喜欢温和湿润的气候。

柳：落叶乔木或灌木，枝条柔韧，可供编织。

胡桃：即核桃，落叶乔木。果仁营养丰富，含油量高，受人喜爱。

榆：落叶乔木。翅果俗名榆钱，可食。木质坚韧，耐朽力强。

栗：落叶乔木。果实可食。

竹：多年生常绿植物，分布于热带、亚热带至暖温带地区。

这些植物，特别是分布于热带、亚热带至暖温带地区的一些乔木，如铁杉、栎树（橡树）和竹子，反证了当时的气候是温暖湿润，非常适宜人类生活。

需要说明的是，由于采集标本时，所选择的时间范围有限，空间范围很小，因此，所采集到的植物孢子花粉数量和种类都有限，远不能涵盖当时植物种类的全部，也不能反映当时植被生长的状况。

动物资源

丰富的植物养育了种类众多的动物。半坡遗址中发现的动物遗存，以哺乳动物的骨骼最多，另外有少数鱼类、鸟类的骨骼及甲壳类动物的甲壳。哺乳动物有偶蹄类的猪、牛、羊、斑鹿、獐等；食肉类的狗、狐、獾、貉、狸；奇蹄类的马；啮齿类的竹鼠、田鼠；兔形类的野兔、短尾兔。这里选取部分种类介绍如下：

竹鼠：生活于竹林内，穴居，昼伏夜出。食竹笋和竹根。

獐：又称河麂，生活在近水的河岸、沼泽，属亚热带动物。

斑鹿：生活在有森林的丘陵地带。肉可食，皮、角可用。

貉：穴居河谷、山边和田野间。毛皮可用。

鸡：和人类关系较为密切的一种动物。

鱼：半坡人最主要的一种食物。

其中，竹鼠、獐、斑鹿、貉等亚热带动物的遗存，也反证了当时气候温暖、环境湿润。

根据来源，这些动物可以分为几类：一是确定属于或者可能属于人们驯养的动物，包括狗、猪、牛、羊、马，其中狗和猪可以肯定已经驯养；二是捕获的动物，包括斑鹿、獐、竹鼠、野兔、短尾兔以及鱼类、甲壳类；三是晚期侵入的动物，在自然死亡后，骨骼遗留在这里。这样的动物包括貛、貉、田鼠、雕等。另外，鸡因为遗骨太少，无法断定属于哪一类。

从以上动物的来源可以看出，当时聚落周边生活着的各种大、中型动物，特别是素食类动物，许多都是人们食用的对象。在中国古代社会中发挥了重要作用的"六畜"（牛、羊、狗、猪、马、鸡），在半坡氏族阶段，至少有一部分已经被驯养了。

同样需要说明的是，由于发掘范围有限，因此，所采集到的动物遗存的数量和种类也都有限，远不能涵盖当时动物种类的全部，也不能反映当时动物繁衍生息的状况。其实，半坡先民把他们的聚落建在这个地方，不仅仅是因为这里依山傍水，有丰富的动植物资源，而是像下面表格中所列的那样，是众多因素共同影响的结果。半坡人正是利用这些优越的天时和地利，占得了文明发展的先机。

半坡博物馆基本陈列半景画展厅，向人们直观展示了半坡聚落的周边环境和资源：山峦起伏，河流蜿蜒。鸟兽出没，道路延伸。在环壕围护的村落里，一座座房屋上，飘扬着袅袅炊烟。在村落周围，遍布着葱翠的植物，

半坡聚落选址的标准

基本标准	半坡聚落	优点
依山傍水	南望秦岭，东南依白鹿原，西濒浐河，东瞰灞河	易于获得所需的水和动植物
避荫向阳	日照充足，风调雨顺	有利于身体健康和动植物生长
交通便利	四周开阔，无高山大川阻隔	方便生产及与周边聚落间的沟通、交流及物资交换
生活方便	与各种生产、生活场所距离较近	渔猎、农耕、采集、畜牧、制陶等比较方便
相对安全	位于浐河二级阶地上	得水之利，避水之害

半坡人的生活场景复原

有乔木，有灌木，还有各种各样的小草。在村里村外，人们三五成群，进行着各种劳作：有的在修建房屋，有的在烧造陶器，有的在制作食物，有的在纺线织布，有的在打猎，有的在捕鱼，有的在树上采摘，有的在草丛里采集。一个男人扛着从山上砍下的木头，一群少女则提着从河里打来的水……一切是那么的自然、和谐。追随着画面，人们仿佛回到了6000多年前，仿佛置身于友好的环境里，加入了辛苦又快乐的劳作之中……

人面鱼纹彩陶盆

人神？鱼神？

人面鱼纹创造性地将人面和一种动物组合在一起，表达了繁复而抽象的意念，人鱼巧妙叠合，人口里衔着鱼，鱼紧紧围绕着人，人成了整个画面的中心，仿佛诉说着人的生命之源。

　　1954 年深秋，半坡遗址的考古发掘工地上，一些考古学家正在清理一组埋葬小孩的瓮棺群，当他们小心翼翼地揭开其中一个瓮棺上倒扣的陶盆时，一个意外的发现令所有的人震惊了——陶盆内壁清晰地绘有一组精美的彩陶图案，这个图案前所未见，它构图复杂，内涵丰富，既显得天真稚拙，又让人感到诡异深奥，考古学家给它起了一个意味深长的名字——人面鱼纹。

　　人面鱼纹彩陶盆呈泥质红陶，内表光滑，外表粗涩，腹部鼓凸，盆体较深，底部略平，彩绘皆为原地露彩。盆内对称绘有人面鱼纹和网状鱼纹各两幅，其中，人面鱼纹形象怪异，妙趣横生，意味含蓄，令人瞩目。

人面鱼纹彩陶盆

新石器时代（约6000年前）
高约16.5厘米，口径40厘米
1954年半坡遗址出土
现藏中国国家博物馆

半坡遗址出土的早期人面鱼纹图案

渐呈图案化的人面鱼纹图案

这件独具魅力的彩陶盆构图十分严谨，纹饰繁复而不杂乱，体现着灵动多变而又均衡对称之美：其口沿较宽，施以黑彩，有短竖线和箭头形纹饰两种共8个图案间隔交替出现，正好把陶盆口沿划分为八等分；短竖线和箭头形纹相互之间既有轴对称关系，又呈中心对称分布；盆内壁绘有两个人面鱼纹和两个鱼纹，相互间隔，两两相对；整体观之，盆上的纹饰既遵循对称又富于变化——两个人面鱼纹和两个鱼纹以及分割口沿的两种图案，均为彼此错位对称，这种巧妙而又极富艺术美感的设计，是灵感闪现还是成熟的技巧，至今已不可知，但却着实令人不可思议。

　　整个画面的主体是人面鱼纹，由人面和鱼组成，圆形的人面上有清晰的五官，眼睛是眯着的，鼻子成倒立"T"字形，嘴巴似笑哈哈大张着，嘴角左右两侧分置一条变体鱼纹，耳边有两个简化的"鱼形"纹，头顶似有发髻状的尖状物和鱼形装饰物，这种"人鱼合一"的奇特现象，深奥难解，让人产生无穷无尽的幽思遐想。

　　实际上人面鱼纹图案在半坡并非一件，遗址中共出土了7件人面衔鱼的彩陶盆。按照从写实到写意的发展顺序，我们可以看到更早一些的另外两类形象：一类人面鱼纹嘴边是两条写实的鱼，双耳边是两个弯状装饰，边缘有圆点，头顶上有耸起的发髻，髻中横插一发笄，额前部全部是黑色；另一类是渐呈图案化的人面鱼纹，头上的发髻概括成三角状的几何形，发髻外在面有与鱼身纹外廓相同的鱼鳍刺状的装饰，额部不是全黑，中间露出倒三角形的陶制原色，嘴两边以鱼鳍刺状装饰代替鱼。

人面鱼纹为仰韶文化半坡类型所独有，但却不独为半坡所有，继在半坡遗址首次发现后，陕西临潼姜寨遗址、宝鸡北首岭遗址、汉中西乡何家湾遗址等也有出土。这些遗址均为仰韶文化半坡类型，所以，人面鱼纹是半坡类型文化所特有的一种纹饰。散见于各处的人面鱼纹，鱼形有写实的，也有用"〰〰"形表示的，人的眼睛有睁有闭……画法虽略有不同，但图案总体布局和人鱼结合的基本形式却相一致，似同出一辙。在遥远的半坡时代，这种特殊图案被不同地域、不同部族的人们同时使用，体现了一种共同的制作方式和思维模式，反映了不同部族间的某种文化牵连，也反映了人面鱼纹是一个在一定范围内具有权威性的有所特指的图像。

　　人面鱼纹神秘而意味深刻，图案中圆圆的人脸上有一对闭上的眼睛，它样子古怪，给人的感觉却是那么亲切自然、生动活泼，丝毫没有狰狞恐怖、沉重压抑之感，反映了母系氏族繁荣时期的时代特征以及半坡人高超的绘画技艺。

　　人面鱼纹是半坡时代彩陶艺术中最典型的代表，同其他原始艺术形式一样，它是当时人们精神世界的写照、心灵历程的烙印。

　　人面鱼纹盆扣于小孩瓮棺之上，作为埋葬夭亡婴儿瓮棺的盖子，用途十分特别。把夭亡婴儿置于人面鱼纹盆这样的葬具中，就像放在母亲腹中一样，或许是希望婴孩有个温暖舒适的归宿，或许是期望他能够重生，来世有个良好的开端，体现了半坡人的一种人文关怀。而让人面鱼纹同死者一道进入冥界，使其稚拙天真的形象又平添了几分诡秘。

临潼姜寨遗址出土的人面鱼纹彩陶盆

宝鸡北首岭遗址出土的人面鱼纹图案

　　人面鱼纹可以说是半坡时代先民的一种创意，尽管它出自童年时期的人类之手，其含义却非浅显易见。有关它的确切含义，目前已有二十余种说法，主要的观点有：图腾说、水虫形象说、氏族成员装饰图像说、巫术活动面具说、神话说、神话中的祖先形象说、原始信仰说、黥面文身习俗说、摸鱼图像说、外星人形象说、权力象征说、月亮崇拜说、太阳神崇拜说、原始历法说、图案化"福"字、飞头颅精灵说、生命之神象征说、女阴象征说、原始婴儿出生图说、巫师"作法"说、巫师面具形象说等。

　　人面鱼纹盆出土 60 多年以来，学术界一直在研究它，学者们从不同的角度加以推测、分析和论证，甚至展开了激烈的讨论，时至今日，仍然

西乡何家湾遗址出土的人面纹彩陶盆

没有一个确切的结论。曾主持半坡遗址发掘工作的石兴邦先生认为，人面鱼纹可能是图腾崇拜的族徽，似有"寓人于鱼""鱼生人"或者"人头鱼"的含义，即半坡人认为他们的祖先是鱼或者人头鱼身的人格化动物。此种"图腾说"是目前较被认可的一种说法。

"图腾"一词源自北美印第安人奥季布瓦族的方言"TOTEM"的音译，意为"它的亲族"。按照印第安人的习惯，每个氏族都有自己的起源祖先，而这个祖先可能是一种动物、一种植物或者一种自然现象。他们想象这些动物、植物或自然现象是本氏族的保护神，于是把它们当作图腾加以崇拜。图腾崇拜是原始宗教的主要形态之一，是由原始宗教的最初形式——自然

崇拜发展而来，是一种更高的宗教形式。早在
旧石器时代，人类由于受生产条件和大脑思维
所限，以为天地之间万物皆有灵性，人们怀着
一种敬畏迷茫的心理观察周围的一切。即使到
了新石器时代早期，人的精神活动依然纯粹地
神游在自然物上，对主体与客体的联系与区别
浑然不知。6000 年前的半坡时代，物质生活条
件较以往有了相当大的改善，人们的目光开始
悄悄从对自然的崇拜上移向人类自身，对生命
的来源和繁衍有了更多的思考和理解，崇拜的
对象也相对固定下来，原始宗教已经开始慢慢
萌芽。当时的人在大自然面前还显得十分弱小，
经常会受到饥饿、病痛、狂风暴雨以及毒蛇猛
兽的威胁，加之环境的恶劣，人的成活率很低，
这时的人们非常希望有一个神灵来护佑自己，
于是，多籽多产而生命力旺盛的鱼，受到人们
格外的喜爱，人们在陶器上绘制了各种各样的
鱼和鱼形纹，并且出现了人鱼合一的人面鱼纹。

　　在半坡彩陶艺术中，出现了为数可观的各
类单体的、复体的、形象的和抽象的鱼纹，鱼

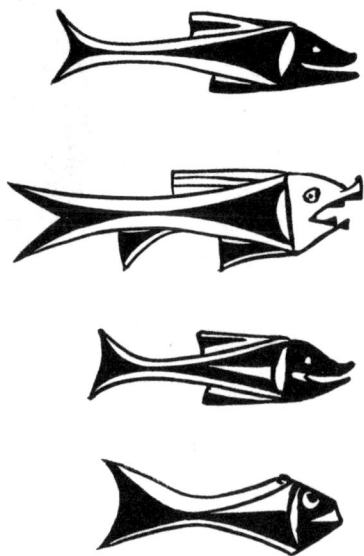

半坡遗址出土的单体鱼纹图案

半坡遗址出土的复体鱼纹图案

半坡遗址出土的抽象几何鱼纹图案

纹贯穿了半坡类型文化的始终。鱼的繁衍不绝和给予人们食物上的帮助，极其符合原始人的生存需要，因而，它成了半坡人的精神寄托。人面鱼纹虽然没有脱离鱼崇拜的意味，形式上却鲜明地增添了人的色彩，表明半坡人的灵物崇拜思想已明确转入人格化，人的主体开始从鱼的客体中渐渐分化出来，人与鱼水乳交融、合为一体的主观愿望表现强烈，明显地带有图腾崇拜的特征。

　　人面鱼纹创造性地将人面和一种动物组合在一起，表达了繁复而抽象的意念，人鱼巧妙叠合，人口里衔着鱼，鱼紧紧围绕着人，人成了整个画面的中心，仿佛诉说着人的生命之源。人的超自然的力量来自具有神力的鱼，这是一种对人与鱼、人与大自然关系的梦幻式联想，它反映了原始人类首次直面自身，开始了对自身存在和自身力量的关照与思考，也可以说

吴冠英教授设计的"喜娃"形象

2008年北京奥运会吉祥物"中国福娃"

是一种具有神秘乃至神圣意味的人像的创造。几千年来，中国传统文化中沿袭不断的人神合一的偶像崇拜现象，也许正是发端于此。

人面鱼纹深深影响了人类社会6000年。它其实和现代人的关系也非常紧密——它的丰产、繁殖、祝福等美好含义一直备受人们推崇；它的神秘、丰富、意味深刻也成为取之不尽用之不竭的艺术源泉。2008年北京奥运会前，清华大学吴冠英教授正是从人面鱼纹中汲取灵感，得到启示，创作出了代表"金、木、水、火、土"五行的人面鱼纹五彩娃"喜娃"，后来经过艺术家的再创作，创造出了可爱的奥运吉祥物——"中国福娃"，这个纯中国化的图案符号，意蕴丰富、内涵深刻，成为连接中国与世界的友好使者，把博大精深的中华文化传播到了世界各地。

人面鱼纹盆图案的秘密，至今仍是一个难解之谜，但这并不妨碍它所散发的迷人光彩。从陶盆的器型和纹饰来看，当时彩陶制作工艺已经很高，应该有了专人进行图案绘制。人面鱼纹作为仰韶文化彩陶艺术中的经典图案，它蕴含之丰富、构思之巧妙、设计之精到，均达到了很高的境界，已成为半坡文化的典型标记。尤其是它首创人与动物结合的形象，使之在原始艺术宝库中永久地闪烁着神奇而绚丽的光彩。

鱼、鸟、人面纹彩陶葫芦瓶 寓意深奥

这件葫芦形彩陶瓶构思奇妙精巧，艺术手法的运用令人叹为观止。图案中有夸张变形的鱼头，有简化到只剩下一双眼睛和三个发髻的人头，有形象纹、几何纹，动静结合，显示出绘画者非凡的创作能力，实可谓绝无仅有的原始艺术珍品。

在西安半坡博物馆馆藏文物中，有一件独特的葫芦形彩陶瓶，它出土于陕西临潼姜寨遗址。从发掘报告看，葫芦形彩陶瓶是姜寨二期上层的典型器物之一，且数量颇多，是仰韶文化繁荣时期常见的一种器物。然而，像这件瓶身绘有鱼、鸟和人面三种纹样组合而成复杂图像的陶瓶，在同期乃至同类型文化中，都是独一无二的。

这件鱼、鸟、人面纹彩陶葫芦瓶为泥质红陶，小口微鼓，鼓腹，最大径在腹部，附两耳，耳上有穿孔。颈部以上涂满黑彩。腹部的一面和另一面各有一组相同的图像，每组图像分上、下两部分，上部的上方有三个三角形发髻，下方在呲牙的方形鱼头中含有人面和鸟头纹；下部亦为呲牙的

鱼、鸟、人面纹彩陶葫芦瓶

新石器时代（5000年前）
高29厘米，口径3.5厘米，腹径14.5厘米，底径6.5厘米
1976年姜寨遗址出土
现藏西安半坡博物馆

葫芦瓶侧面的鱼纹及几何纹图案

方形鱼头中含有鸟头。在瓶腹两侧还绘有呈上下对称的形象鱼纹和几何图案各一组。

仰韶文化正处于母系氏族社会鼎盛时期，这时，原始先民的生产生活资料较为丰富，社会相对稳定。在这种条件下，原始艺术获得很大发展，大量优秀的原始艺术品随之出现，这件陶瓶就是其中之一。

这件葫芦瓶上图像结构复杂多变，构思精巧奇妙，纹样内涵丰富，给人神秘莫测、意境幽远之感，如此强烈的表现力是史前绘画中罕见的。观其纹样，我们感到既熟悉又陌生，闭眼人面鱼纹在半坡类型文化中已有出现，鸟头在庙底沟类型文化中也大量出现，而瓶侧的鱼纹和几何图案在半坡类型中更是多见。因此，鱼、鸟、人面纹的出现并非偶然。

姜寨遗址与半坡遗址一样，也是一处大型母系氏族公社聚落遗址，他们同属于仰韶文化系统，姜寨聚落处于仰韶文化向晚期过渡阶段，其器物造型和纹饰既有自己的特点，又不可避免地受到仰韶文化半坡类型的影响。鱼纹、鸟纹是仰韶文化时期彩陶的主要纹样，鱼纹是早期半坡类型彩陶的主题，鸟纹是晚期庙底沟类型彩陶的重要特征。这件葫芦瓶从图案的整体结构看，既有同于半坡类型的特点，又有庙底沟类型的新因素，如鱼纹的变形、夸张，出现鸟纹但却只有头部等。它具备了自身的独特风格，也代表着那个特定历史时期的社会意识形态。综合以上情况来分析，鱼、鸟、人面纹彩陶葫芦瓶应该属于由半坡类型向庙底沟类型过渡时期的史家类型，它有可能兼容了两种不同的文化内涵。

　　考古学家认为，以某种动物为主题的图案贯穿于一个文化类型的始终，这种现象一般与原始图腾艺术密切相关。从考古学研究来看，鱼和鸟分别是半坡和庙底沟部族的图腾。由此，可以这样认为，鱼、鸟、人面纹彩陶葫芦瓶的出现不是偶然的，它也不是一般性的生活器具，而应是作为部落的象征物，或者说是一个具有神圣的法术力量的祭器，是具有浓厚原始宗教色彩的特殊器物，供人们顶礼膜拜。同时，它也使当时人们灵物崇拜的意识得到了尽情的宣泄，更加全面地表明了人们的思想和感情。

　　原始人对鱼、鸟的崇拜除了反映在彩陶纹饰上，还可以从古代神话传说中找到一些影子，如发源于泾、渭流域的周族关于始神后稷的生与死就涉及了鱼和鸟。《诗·大雅·生民》载："诞寘之寒冰，鸟覆翼之。鸟乃去矣，后稷呱矣。"意为后稷（周族）起源之时曾为鸟（氏族）所帮助和保护；《淮南子·地形篇》又载："后稷垅在建本西，其人死复苏，其半鱼在其间。"大意为后稷死后变作半鱼半人，人鱼一体，返祖为鱼。很明显，鱼、鸟、人面纹组合图是一种从内容到形式远比单纯的鱼纹或鸟纹更为复杂的具有象征意义的图案。它的复杂化一方面反映了不同部族间文化的相互影响和渗透，另一方面也反映了原始思维由低级向高级的不断进化。葫芦型陶瓶本是用来做水器的，当绘制上具有象征含义的图案之后，它的实用性变弱了，艺术性增强了，更多的则是作为某种具有象征意义的器物，或者带有宗教的含义，成为具有巫术礼仪性质的器物。

原始先民在很早的时期就开始了对葫芦的崇拜，而把鱼、鸟、人面这些具有图腾崇拜色彩的图案绘制在以葫芦为造型的陶瓶上，或许还有更深一层意味。葫芦状陶瓶的制作起初缘于先民对葫芦的认识。葫芦能食能用，使原始人感到了它的实用性；葫芦顽强的生长能力和果实多籽多产，又令原始人对它的认识从喜欢逐渐上升到顶礼膜拜，因为葫芦的特点吻合了原始人对生命繁衍不绝和物产丰富的祈求。我国很早便有关于葫芦崇拜的记载，《诗·大雅·緜》中有："緜緜之瓜瓞，民之初生。"意指人类最初诞自于葫芦瓜；《礼记》说古人祭祀祖灵所用的就有陶质葫芦形祭器。闻一多先生经考证认为"伏羲与女娲……二人皆谓葫芦的化身"。脱胎于葫芦的葫芦状陶瓶也许在一定程度上包含了原始人类希望自身能像葫芦那样多子多产、万生连绵的意愿。如果我们将葫芦瓶这种特殊含意与其上的

葫芦瓶局部

图案联系起来，再去欣赏这件陶瓶，就会发现它的造型与图案内容融为一体、高度统一，其精妙独到，令人不禁叫绝。同时，我们也能强烈地感受到先民们灵物崇拜的思想在这里得到了尽情释放。

这件葫芦形彩陶瓶构思奇妙精巧，艺术手法的运用令人叹为观止。图案中有夸张变形的鱼头，有简化到只剩下一双眼睛和三个发髻的人头，有形象纹、几何纹，动静结合，运用自如。它复杂的构图，体现了绘画者周密的构想和明确的设计意图，在绘画中注意以意写形，以形表意，在意念支配下，将飞鸟、游鱼和人面组合加工成一种奇特的形象，传递出十分复杂而极具幻想色彩的情感意识，显示出非凡的创作能力，实可谓绝无仅有的原始艺术珍品。

鱼纹彩陶盆

鱼游之乐

半坡人借助鱼的形象表达了内心的欲望与追求，这种质朴的表达方式反映出人们对自然的理解程度，同时，也表明鱼的形象在半坡人心目中有着神圣崇高的地位。

　　鱼纹盆呈卷唇、折肩、环底状，口沿有一圈黑彩带，腹上部画有三条方向相同的鱼，似在水中循环地游动。整个器物红底黑彩，纹饰分外醒目。

　　母系氏族繁荣时期，原始农业和渔猎获得很大发展，处在这时的半坡人过着日出而作、日落而息的相对安定的生活，社会呈现着一片恬淡平和的气氛。物质生活条件的进一步改善，孕育了崭新的原始艺术，这件鱼纹盆就诞生在这个时代。

　　鱼纹图案在半坡类型彩陶中出现最多，其种类不仅有单体鱼纹、双体鱼纹、抽象鱼纹，还有鱼鸟纹、人面鱼纹等。鱼纹作为一个主题贯穿了半坡类型彩陶的始终。

鱼纹彩陶盆

仰韶文化半坡类型
高18.8厘米，口径29.5厘米，腹径29.7厘米
1954年半坡遗址出土
现藏中国国家博物馆

鱼纹彩陶盆

双体鱼纹彩陶片

姜寨遗址出土的鱼、鸟、人面纹彩陶葫芦瓶

　　半坡人选择鱼作为绘画的主要对象并不是偶然的。半坡时代，村庄前面的浐河很宽，水量很大，河中鱼类十分丰富，为人们的吃水和捕鱼提供了绝佳场所。在半坡遗址中出土了大量捕鱼工具，有骨制的鱼钩、鱼叉和石网坠等，其中有一个鱼钩用骨头角料磨制而成，有倒钩和倒刺，制作得非常精巧；而石网坠出土最多，反映出当时人们已经开始使用渔网大规模捕鱼了。这一时期，由于劳动生产工具的改进，渔猎得到相应发展，人们的捕鱼量明显增加。在半坡人眼里，鱼成了他们赖以生存的重要食物来源之一，而鱼的多子多产，成活率高，繁盛的生命力，非常符合原始人希冀人丁兴旺、生生不息的本能愿望。于是，鱼成了倍受人们喜爱甚至崇拜的对象而被大量地描绘在各种器

半坡遗址出土的人面鱼纹图案

物上，甚至出现了人鱼合二为一的意喻更加复杂的人面鱼纹图案，反映了半坡人与鱼非同一般的关系。半坡人借助鱼的形象表达了内心的欲望与追求，这种质朴的表达方式反映出人们对自然的理解程度，同时，也表明鱼的形象在半坡人心目中有着神圣崇高的地位。也许鱼就是半坡氏族的图腾，是其"种的繁衍"欲望的显现。

半坡彩陶绚丽多姿，纹饰主要分为两类，即像生性花纹和几何图案花纹。像生性花纹有鱼纹、人面纹、鹿纹以及草木或植物花纹，其中鱼纹占主导地位，植物花纹很少。几何形图案花纹在彩陶中占主要地位，在半坡晚期居多，主要由各种形状的直角三角形、直线、斜线、圆点及折波状的线条所组成，这也是半坡绘画图案的主要特征。

彩陶上的鱼纹图案从早期到晚期形状和风格也在发生着变化。早期的鱼纹是鱼的自然形态，全面而写实地描绘整个鱼形；后来出现了几何图形拼合的鱼形，图案装饰意味浓厚，但仍保持鱼的基本形态；晚期画的鱼则十分简练，用三角形来表示，中间画出一个圆点作为鱼眼睛，代表鱼的整体形象。审视半坡人画鱼的历程我们发现，鱼纹经历了从自然纹——几何纹——抽象纹的演变过程，在绘画技法上也经历了由写实到写意，由简单描摹到抽象概括的发展历程。而从这个发展演变进程，我们也不难看出半坡人的思维发展从早期到晚期也经历着从简单到复杂，从形象到抽象，从低级到高级的不断发展进程。

人类对鱼的深厚情感，几千年来被一直延续下来。历代不同质地不同形状的器

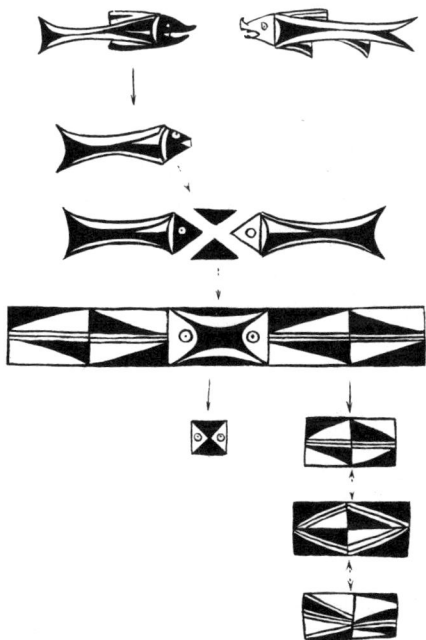

鱼纹演变图

鱼纹

物上，鱼纹始终处在经典图案的地位而被精雕细绘；传统文化中"鲤鱼跃
龙门"的故事家喻户晓、广为流传；"年年有余（鱼）""鱼生贵子"等
成为中华民族特有的文化心态。这些现象表面上反映了人们对生活吉祥如
意、幸福美满的企盼与祝愿，其深层仍未脱离"鱼游之乐、生生不息"的
生殖崇拜意念。

在画鱼的技法上，半坡人达到了较高的艺术成就。早期多写实的单体
鱼纹，晚期以抽象的几何纹为主。这件属早期的陶盆上画着黑色的鱼形图
案，十分生动，它张口露齿，睁大眼向前张望，鼻尖翘起，似乎悠闲自得
地在水中游动。绘画者选用了表现力极强的正侧面角度，经过选形、选视
点、选角度的艺术处理，通过鱼的头（包括齿、须）、鳃、身、鳍、尾几

个部分，基本写实地描绘了鱼的自然形态。在绘画部位的设计上，鱼纹头尾相连接而围饰在陶盆上部表面，形成一周圈纹饰带，呈二方连续形式循环延续，与扁矮器形的搭配正好起到了相互协调的作用，简洁得体。整体观之，单纯简练的结构，加之粗放有力的笔触，流露出天真稚拙的情趣，表现了先民对自然美的追求，映衬出强烈的时代特征，使人看罢颇感亲切。

今天，人类远古那惊心动魄的历史早已悄然逝去，这件鱼纹盆却依然停滞在这里，仿佛默默地在向人们诉说着那洪荒时代发生的故事，它那谜一般的蕴涵及其对后世的久远影响，给我们留下无尽的沉思与畅想。

红陶人头壶

远古的凝望

人头壶人物面部及整体造型酷似一个孕妇，宽大浑圆的腹部似乎隐喻着女性的丰腴身材，强调着人类的生殖能力。它体现了母系氏族社会对女性和人类繁衍的重视，表达了人类繁衍的愿望。

　　这件陶塑人头壶为泥质红陶，陶质坚硬细腻，素面。整体呈高颈鼓腹小平底形状，人头像塑于壶口部，与壶身连为一体。人头像面部微微上仰，双目上视，作远望状；鼻梁修长，嘴唇上翘，下唇稍长，似有微笑；两耳已残缺，耳根部有穿孔，发型用扁平锥刺纹做成。该壶头部及腹部中空，口、眼与壶内相通，后颈肩部有一个突起的椭圆形管状口，应该为该器的注水口。仔细观之，肩部两侧有断臂痕迹，根据耳、臂断缺迹象推断，似为两臂向上弯曲至头部，并与两耳相连构成陶器的双耳，分别为整体、面部、颈部侧面。从人物形象看，人头面部比例匀称，眉目清秀，活灵活现地再现了一个漂亮端庄的史前少女形象，为我们提供了仰韶文化时期人类

红陶人头壶

新石器时代（约6000年前）
通高22.5厘米，腹径13.5厘米，底径6.3厘米
1953年陕西洛南县零口镇焦村遗址出土
现藏西安半坡博物馆

红陶人头壶背部　　　　　红陶人头壶的人面部分　　　　　　　红陶人头壶侧面

真实的容貌特征。

　　人类对自身的描绘和塑造，是人类童年时期对自身本源以及大自然奥秘的探索和思考，是人类的一种精神和意识活动，是一种对生活的描摹，也是源于生活而又高于生活的一种艺术创造。史前时期人像主要绘画作品有人面鱼纹、人面纹、人形纹等；雕塑主要类型有雕塑人体、孕妇塑像、双耳人形壶、浮雕人形壶、人首塑、人首葫芦瓶、人首器口壶、人形壶、人形罐等。

　　用圆雕人物头像做器口装饰的陶器，始于仰韶文化时期，至马家窑文化时期较盛行。此类器物已发现的为数甚少，故而弥足珍贵。

　　这件红陶人头壶属早期作品，与之同时或稍晚的还有陕西长武和商县出土的人头形器口红陶壶、甘肃高寺头陶塑人头器口、秦安大地湾人头器彩陶瓶等。长武县出土的陶壶，壶口部分捏塑着一个发辫盘顶、笑容可掬的女孩头像，人物造型完整，形象生动，拙朴美观。陕西南郑龙岗寺遗址出土的人面器口细颈壶，属仰韶文化半坡类型。人面形作陶壶器口，五官在平面上贴塑雕刻，其眼、嘴、鼻孔均与器腹腔相通，造型优美，既是生活实用器皿，又是一件精湛的原始雕塑艺术品。

甘肃礼县高寺头1964年出土的圆雕少女头像，是仰韶文化陶塑人像的杰作。头像用堆塑与锥镂相结合的手法制成，陶色橙黄，颈下部分已残缺，人像可能是陶壶器口的装饰。脸型丰满圆润，五官部位比例精确，嘴巴微启好像正在娓娓地谈话，神态优美自然，堪称中国原始社会人像雕塑的优秀代表。

1973年在甘肃秦安大地湾遗址出土了一件罕见的人头形器口彩陶瓶，器形为两头尖的长圆柱体，属于庙底沟类型早期，距今大约5600年。位

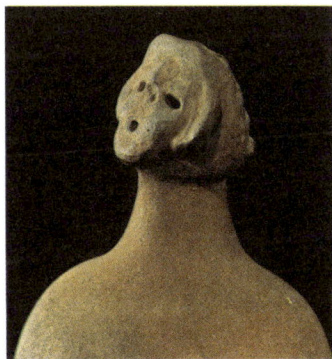

陕西长武县出土的人头形陶壶

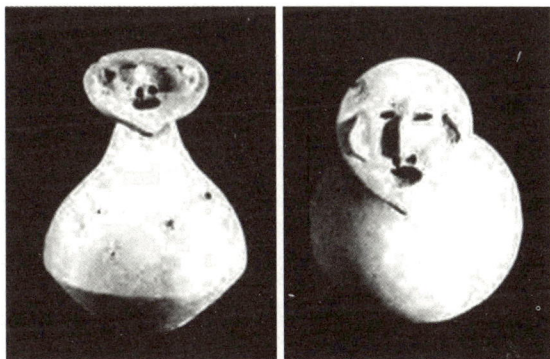

南郑龙岗寺遗址出土的人面器口细颈壶

礼县高寺头遗址出土的陶塑人头像

秦安大地湾遗址出土的人头形器口彩陶瓶

于口部的圆雕人头像，堆塑着清秀的五官和刘海形的披发，前额较短，鼻翼微鼓，嘴巴微张，两耳各有一小穿孔，头顶圆孔做成了器口。整个人头形器口彩陶瓶，宛如穿着花衣的美丽少女，造型设计巧妙完整，图案纹样生动活泼，趣味盎然，是一件既具实用性，又具有艺术性的艺术珍品。

这些器物同属仰韶文化，出现于母系氏族繁荣时期。这一时期，随着人类艺术实践的进步和雕塑艺术经验的积累，人像雕塑制作逐渐出现和渐趋成熟，开始出现人体形象与器物合为一体的陶器，或者把人体的某一部分塑造成陶器造型，或者将陶器的局部塑造成人体形象，并且这种器物常常融实用功能与艺术性为一体。到了后来的马家窑文化时期，更是出现了器身绚丽的彩绘图案与器口生动俊美的雕塑面庞相互辉映出现在一件器物上，平面绘画与立体雕塑相融合的经典之作，达到了原始彩绘与雕塑相结合的一个艺术高峰。值得人们注意的是，这些陶塑均为青年女性形象，恐怕正是当时母系氏族时期人们对女性崇拜心理的一种反映。

这类器物往往是人头雕塑与器身相连，既是壶，也是一个人体。细看这件洛南人头陶壶，通体酷似一个孕妇体态。人像的眼睛眯起，小嘴微启，下巴翘起，头部后仰，腹部滚圆隆起，犹如孕妇正在行走一般。这种观察并非今人的合理想象，原始社会任何一种艺术的产生都难以脱离其深厚的宗教土壤，它总是寄托着原始人内心的祈求与愿望，凝结着原始人丰富的精神追求与想象。人头壶人物面部及整体造型酷似一个孕妇，宽大浑圆的腹部似乎隐喻着女性的丰腴身材，强调着人类的生殖能力。它体现了母系氏族社会对女性和人类繁衍的重视，表达了人类繁衍的愿望。人头壶的后背伸出一根断面呈扁圆形的管道，用于向壶内注水，眼睛和嘴巴则构成出水口。当水从人头壶的眼睛流出，恰如泪水流淌，似乎在纪念人类孕育的最初痛楚。这件器物的实用性并不突出，暗示着或许还有另外的功能，这或许正是原始人类生殖崇拜和丰产巫术的产物。

鹿纹彩陶盆

呦呦鹿鸣

鹿纹彩陶盆不仅表现了人类童年的稚拙天真，反映出人与大自然的亲密关系，也是半坡人原始生活的真实记录。在鹿纹并不多见的半坡彩陶艺术中，这件鹿纹彩陶盆堪称是一件难得的传神之作。

鹿纹彩陶盆为卷唇、环底、浅腹，陶质细腻，陶坯磨光，宽口沿着以黑彩，上饰原地箭头形纹和斜线纹，盆内等距离绘有四只活泼可爱的小鹿。

中国原始绘画至少产生在 6000 年前，在距今约 3 万年的山西朔县峙峪旧石器遗址中，曾发现一件刻有似为羚羊、飞鸟和猎人图像的兽骨片，这可以说是原始绘画的最初萌芽。新石器时代，制陶技术的发展，为原始绘画走向成熟化提供了先决条件。7000 年前的老官台文化，已有绘着简单纹样的彩陶，6000 年前的仰韶文化时期，可称是绚丽的彩陶时代，彩陶纹饰中，仿生性纹样最具特色，那些造型优美的陶器上，描摹着生动逼真的鱼、鹿、鸟、蛙等动物形象，呈现给人们一个斑斓的神秘世界，展示

鹿纹彩陶盆

新石器时代（约6000年前）
高16.3厘米，口径41.9厘米
1955年半坡遗址出土
现藏中国社科院考古研究所

姜寨遗址出土的蛙纹彩陶盆

了原始人类真实的生活画卷。

从旧石器时代的兽骨刻画（包括岩画），到新石器时代的彩绘，人类对动物一直情有独钟，这无疑是在上百万年的狩猎生涯中，人类无数次地获得体验与感受的结果，而人类对艺术的最初感受，可以说就是从对动物的写实性描绘开始的。当然，那时的作画绝不是为了纯艺术的目的，而是企图通过绘制这些动物以获得一种魔法的力量，或祈求动物的护佑，或期望更多地猎取食物。

以鹿为题材的绘画最早出现在新石器时代，最初多出现在原始先民的记事性岩画上。那些用粗犷的笔触清晰而又遒劲地画在岩石上的鹿，表达了先民们对这种作为食物的温顺的动物颇具好感。

半坡时代，尽管人们是以农业生产为主，但仍需要通过狩猎、捕鱼和

姜寨遗址出土的蛙纹彩陶盆

采集生产来维持最低限度的生活需要，狩猎活动的地位在当时仅次于农业。在半坡遗址曾出土了大量的石头或兽骨制作的箭头、镞、石球等，说明当时人们已学会使用弓箭、长矛、石飞索等工具捕获猎物；在遗址发现的20余种动物骨骼中，斑鹿的遗骨最多，表明当时捕获量最大的动物是斑鹿。这种狩猎特征，直接影响了半坡人彩陶艺术的创作。

半坡人绘画的鹿神态逼真、手法简练。半坡遗址曾出土一个鹿纹陶片，上面画着一只奔跑的鹿，鹿头高高仰起，四腿两两分开，好似正在猎人紧紧追赶下，拼命逃奔，寥寥几笔，把奔鹿的动态描绘得栩栩如生。这件鹿纹盆内画的是四头神态安详的小鹿，形体简单而姿态各异。在躯体变化不大的情况下，通过鹿的四条腿和头部的变化来反映不同的姿态，有的四腿直立头部抬起，好像正四下警觉张望；有的四腿前倾好像低头吃草……，

鹿纹彩陶残片

简洁的轮廓，明净的画面，富有生气的小鹿，给人一种轻松舒畅的享受，抒发出原始人劳动之余的愉快喜悦之情。

在鹿纹盆的整体构图上，半坡人选择了敞口陶盆视线最好的盆内壁作为绘画部位，并且为散点式构图。即为了突出所绘图案的效果，在一件器型上，装饰往往只占据器面的一小部分，纹样一般是鱼、鸟、蛙、鹿等自然形态的再现。半坡彩陶盆上的鹿纹形象生动可爱，反映出人对鹿的喜爱和情感，对鹿的感受似乎已经超出了食物的概念，而是寄托了某种精神和希望，这也使鹿的形象具有了瑞兽的影子。

在中国传统文化中，鹿被认为是一种祥瑞动物，一直被人们喜爱和推崇。在商代即出现了玉雕的鹿和鹿纹玉器，被赋予了吉祥的寓意。在古代神话传说中，白鹿象征长寿和善良,因此民俗中寿星的坐骑也是一只鹿。《宋书·符瑞志》中记载："白鹿，王者明惠及下则至。"认为鹿有检验君王是否明慧的作用。此外，在敦煌壁画中也有关于鹿的形象，讲述了美丽的九色鹿的故事。在古人心目中，鹿是一种现实存在的瑞兽，不仅鹿肉十分鲜美，鹿茸和鹿血都是珍贵的药物或补品，而且鹿为纯善禄兽。因为"鹿"与"禄"谐音，所以鹿又有了加官进禄、福禄双至、权力显赫的寓意，故而逢年过节时福禄寿题材的门画中一定少不了鹿。对鹿的喜爱也从侧面反映出人们对美好生活的追求和向往。从半坡的鹿纹盆到门神上的鹿，我们可以看到，中华民族自古至今一脉相承的传统文化清晰可见。

鹿纹彩陶盆不仅表现了人类童年的稚拙天真，反映出人与大自然的亲密关系，也是半坡人原始生活的真实记录。在鹿纹并不多见的半坡彩陶艺术中，这件鹿纹彩陶盆堪称是一件难得的传神之作。

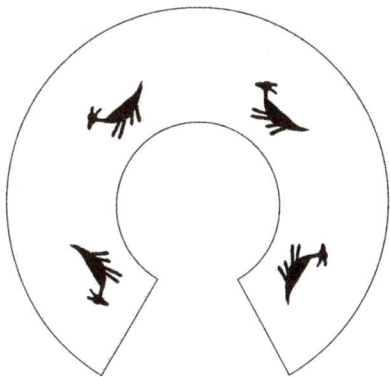

鹿纹彩陶盆俯视图

三角斜线纹彩陶钵

几何纹，你还能更美吗？

这些几何形图案纹饰延续不断地呈现，如行云流水一般，动感十分强烈，显示出远古先民对美好事物的追求和在陶器彩绘上独具的匠心。

在半坡遗址出土的众多彩陶器中，有一个纹饰规整独特、与众不同的彩陶钵特别引人注目，这就是三角斜线纹彩陶钵。这件彩陶钵体量不大，为细泥红陶，环底，直口，器身上部装饰着三角斜线纹，其中三角形为大三角形中间套着小三角形，大三角形饰黑彩，小三角形为原底，大三角形正倒交错相置，中间加绘六道斜线，呈二方连续，循环排列。

半坡时期，远古先民开始告别制陶技术的童年期而逐步走向成熟时期，制陶的艺术性及创造力较之早期的老官台文化和大地湾文化等有了显著的进步，在制陶数量、质量和图案彩绘上都有较大幅度的提高。半坡类型文化距今大约 7000 年至 6500 年，彩陶是这一类型文化的重要遗存。这时期

三角斜线纹彩陶钵

新石器时代（约5000年前）
高9厘米，口径14.3厘米
1955年半坡遗址出土
现藏中国社科院考古研究所

彩陶比例大约占陶器总数的 1/3，饰有彩纹
的陶器均为细泥红陶，从原料选择、器型塑
造、图案装饰以及陶器烧制火候的掌握等整
套生产过程都相当成熟，成为当时社会的高
科技先进技术。彩陶上的纹饰绝大部分为黑
色，红陶黑彩特别绚丽夺目，给人强烈的视
觉感受。一些陶器上也有紫红色、深褐色或
红色彩，但十分少见。这一时期绘彩部位主
要集中在陶器的外壁中上腹部以及盆、钵的
口沿部位，在陶器的显要位置绘彩，这显然
是人们有意为之。

半坡遗址出土的彩绘几何纹饰

　　半坡早期的彩陶多数为像生性花纹，晚
期彩陶大都为抽象的几何图案，几何纹饰形
式多样，包括三角形、菱形、方形、矩形、
圆形等,其中三角形纹饰和圆点纹数量居多,
使用频率最高，且变化多端，有等腰三角形、
等边三角形、直角三角形以及众多的不规则
三角形等，表现形式有直边三角纹和弧边三
角纹。

　　这些几何形图案纹饰往往呈二方连续纹

样，整齐有序、均匀对称，形成古朴而美丽的几何图案装饰带。二方连续纹样的特征是一种或两种花纹连续重复再现，在我国早期装饰图样的发展中，是一个划时代的进步。这种纹样延续不断地呈现，如行云流水一般，动感十分强烈。这些精心绘制的纹饰，显示出远古先民对美好事物的追求和在陶器彩绘上独具的匠心。

圆底陶钵是半坡人主要的饮食盛器之一，也是半坡类型最富有特征的陶器之一，在半坡遗址出土数量不少，大部分为素陶。这种简单的生活用具，最初可能是先民受到双手捧成半圆状掬水的启发，或者是仿照葫芦的下半截球体制作而成。

素面圈底陶钵

三角纹饰展开示意图

　　而当朴素的陶钵绘上漂亮的纹饰，效果则大不相同。这件三角斜线纹彩陶钵制型规整，大小尺寸与今天的日常用碗接近，钵上部绘制有漂亮整齐的几何形装饰图案，瞬间为简单平淡的器物增添了很强的观赏性，艺术气息扑面而来。

　　半坡人在借助初步的数学知识绘制几何纹饰的同时，还注意到了审美需要。几何纹容易使人感到生硬、呆板，这件三角斜线纹彩陶钵的纹饰则运用了虚与实、静与动相结合的手法，弥补了几何纹饰的不足，在实体的外三角形中间绘有与之相反的空心三角形，二者相互映衬、虚实相间、意趣顿生；正三角形是静态，倒三角形有动感，二者正倒交替出现，有一种律动的节奏感；平行线本为静态，将其斜置便有一种冲动感。在这件陶钵的整体布局上，将虚实、疏密、正反、阴阳等关系较好地协调组织在一个

三角斜线纹彩陶钵

空间平面之中，图样的多次重复，使简单的图样看上去显得丰富多彩，富有魅力。整个图案均衡一律又富于变化，原始画工的匠心尽在其中。

半坡遗址还出土了另外的三角斜线纹彩陶钵，尽管器型不完整，但纹饰更加复杂，装饰意味更加浓郁。虽然其基本构图与开篇提及的三角斜纹彩陶钵相同，但三角纹中间斜置的平行线达到了 15 条，反映出半坡人对几何形装饰图案的绘制更加得心应手，其所散发出的艺术美感也更加强烈。

三角纹彩陶钵是半坡几何纹饰类彩陶中的一个杰作，它包含了原始先民对数学知识的掌握与运用，也体现了一种对艺术美的追求，留下了祖先走出原始蒙昧的生动印记。

波折纹细颈彩陶壶

立体设计的杰出范例

波折纹彩陶细颈壶器物上的纹样随平视、俯视的角度变化给人截然不同的欣赏效果,加之器形与图案配置协调而又相互衬托,是原始人自觉运用立体设计艺术法则的成功范例。

　　1955 年半坡遗址的发掘中,出土了一件不同凡响的小陶壶,它器型小巧完整,体量不大却造型生动,纹饰简单却给人震撼的艺术美感。

　　这件鼓腹细颈小陶壶壶口较大,颈部较细,颈腹相连,圆腹鼓起,腹壁部装饰着一层层重复相叠的波浪纹,口沿部分唇面上装饰着长三角形的辐射条纹。乍看简单而平淡无奇,细细观察则十分耐人寻味:陶壶腹上部绘制的四条重叠波折纹,平视时如水波蜿蜒流动,又似山峦叠嶂、连绵不绝;如果俯视,纹样恰如石子投入水中,荡开了同心圆的水波,激起了层层涟漪;又宛若一朵盛开的莲花,壶口斜线恰似花蕊部分。无论平视或俯视均可以看到完整而美丽的图案画面,这表明半坡人的彩绘已超出单一角

波折纹细颈彩陶壶

新石器时代（约6000年前）
高11.5厘米，口径4.5厘米，腹径10厘米
1955年半坡遗址出土
现藏西安半坡博物馆

波折纹细颈彩陶壶俯视图

度设计，具有了一定立体设计水平，体现了原始先民对形式法则的自觉运用，已经创造出了不同视角产生不同效果的彩绘艺术。

波折纹折腹细颈彩陶壶是半坡类型主要器型之一，脱胎于葫芦器型，它改变了葫芦器单一地向外凸弧的外形，头部外鼓而细颈内束，上腹圆凸而下腹曲收，呈反复的有节奏的对比，使器物有着生动的曲线变化，较之葫芦形陶器更具美感。

史前时期是原始艺术的起源时期，几何化装饰纹样是彩陶常见的艺术表现手段之一，今天我们熟悉的三角形、矩形、菱形等图案以及之字形、圆形、波状线、螺旋线等几何线条形状在当时已被人们发现，并娴熟而广泛地运用于各类陶器的装饰之中。

半坡彩陶既有器物的造型美，又有装饰图案的形式美，并力求图案构成与器物形状配置和谐自然。半坡人在陶器上施彩时，往往选择视力所及最醒目的部位，如敞口环底陶盆彩施在口沿和腹内壁；敛口的钵、盆、罐、瓮等彩施在外凸的上腹部，这件小陶壶施彩部位就选择在外凸的腹上部和较宽的口沿处。这种布局一方面适宜于画工创作，勾勒各种纹饰图案，另一方面也适应了当时人们观赏的习惯视角。半坡时期并无桌几凳椅，器物大都放置在地上，人经常是站立或席地而坐，看器物自上而下俯视的时候多。半坡人根据器型以及人们经常保持的视角安排布局彩陶图案，显示出对审美需要的思考和周密的设计。

在半坡人的彩陶作品中，几何形纹样为大多数，多出现在半坡晚期，学者们认为是由早期的像生性纹样发展而来的。与像生性纹样相比，几何纹样以视觉和谐、图案规则、节奏明快、均衡对称等特点，能够最直观、最清晰地体现出秩序之美。半坡出现的少量的波折纹陶器则让人有眼前一亮的感觉。这些波折纹整齐划一，匀称流畅，有重复和对称的形式美感，看上去如行云流水一般，显得轻松活泼，平和亲切，十分精彩。相对于单一的直线而言，曲线在多样性方面具有优势，是整体性、协调性、丰富性、趣味性的有机统一。虽然半坡的波折纹还比较简单，也不够严谨，但却可以看出艺术起源阶段的创造性特点。

18世纪英国著名画家、艺术理论家威廉·荷加斯在其著作《美的分析》中提出"波状线、蛇行线是最美的线条"。在书中他对波状线、蛇形线有着精辟阐述："从迂回曲折的林间小径、曲折蜿蜒的河流和下面我们将会看到的所有主要是我称之为波状线和蛇形线构成其形状的对象上，眼睛也会得到同样的满足。"他还进一步论述"波状线，作为美的线条，变化更多，它由两种对立的曲线组成，因此更美、更舒服"。他指出："一切由所谓波浪线、蛇形线组成的物体都能给人的眼睛以一种变化无常的追逐，从而产生心理乐趣。"并举例说："以头发论，最可爱的是下垂的卷发，尤其在一阵微风将它们吹动的时候。"他强调优美雅致的波状线有着撼动人心的曲线美。

除半坡外，稍晚一些的庙底沟类型、马家窑类型等其他史前文化的彩陶中，我们不难发现大量运用波状线作为装饰的陶器，这些纹饰有一种超乎想象的动态律动之美，柔美、纤巧、轻盈而富于变化，既似波涌浪飞、跌宕起伏，又能气度从容、静逸内敛。及至今天，波状线仍是艺术设计中一个长盛不衰的形式。6000 年前半坡人的创造对后世的影响着实让人叹为观止。

半坡遗址出土的这件波折纹细颈彩陶壶器物表面打磨光滑，色泽鲜艳，造型美观，图案构思精妙，观赏性很强。因其体小，可随意高低放置，纹样随平视、俯视的角度变化给人截然不同的欣赏效果，加之器形与图案配置协调而又相互衬托，是原始人自觉运用立体设计艺术法则的成功范例。

渭南北刘遗址出土的波折纹细颈彩陶壶

指甲纹陶壶

率性而别致的美

半坡人最初用手指甲在陶器上剔刺装饰纹，或许是手头缺少称手的工具，偶然用手指甲替代完成装饰；也或许是灵感闪现，率性而为，举手之劳却获得了极佳的艺术效果。

6000 年前的半坡人不仅熟练地掌握了陶器制作工艺，而且创造了多种装饰陶器的方法，使这一时期的陶器纹饰形式各异、生动活泼、风格多变，反映了半坡人特有的审美意识。

半坡人的陶器制作一般经过盘制成形、修整、表面磨光、施加纹饰和烧制成形几大工艺过程。陶器上所施加的纹饰分为两大类：一类是在陶器加工过程中施加的，如绳纹、线纹、编织纹等；一类是属装饰性的，如彩陶纹饰、剔刺纹、附加堆纹等。其中剔刺纹包括麦粒状纹、枣核状纹、锥刺纹、戳刺纹、篦点纹、指甲纹等。剔刺纹大多是借助于一定工具完成的，而指甲纹则是制陶者用手指甲直接剔挖出来的。

指甲纹陶壶

新石器时代（约6000年前）
高16.5厘米，口径4.2厘米，腹径11.7厘米
1955年半坡遗址出土
现藏西安半坡博物馆

指甲纹陶罐

这件指甲纹细颈壶为泥质红陶，陶壶为杯形口，束颈、鼓腹、平底，肩腹部用手指甲剔挖出了数圈有序排列的指甲纹，为半坡早期的器物。

陶壶上的指甲纹排列井然有序，繁而不乱，指甲印大小匀称、深浅适度，有一种整齐均衡、重复有节的装饰美感。指甲印形状细小，可以推测是出自妇女之手。半坡时期，生产上实行自然分工法，青壮年男子一般从事繁重的、东奔西跑的狩猎和捕鱼生产，老人和儿童从事力所能及的采集生产，妇女在从事农业生产之余，承担了大量的制陶生产。她们在修整陶器时，或许是想创新陶器装饰方法，创造一种全新方式的装饰纹样；或许是灵感闪现，用自己的手指甲，一圈圈耐心剔挖出整齐一律的小凹痕，举手之劳，却赋予了陶器全新的感觉。她们以特有的耐心细腻和灵巧的双手，给陶器纹饰带来了质朴动人的装饰风格。

原始人对装饰美的追求，可以说远在山顶洞人时代就已经有了一些模糊的迹象，经过漫长的岁月，到了半坡人时代，这种追求愈加刻意执着，并且显示出某种成熟。半坡人最初用手指甲在陶器上剔刺装饰纹，这种行为反映了半坡人审美意识物化的自觉运用，说明对美的形式法则高度理解。指甲纹不仅极富装饰性的审美效果，同时也是原始人劳动、生活体验的一种转化形式，这种体验也许是对人手具有神奇创造力的欣赏和赞美，也许是原始人崇尚物产丰满、人畜兴旺的那种"唯多、唯盛"深层意识的显现。

就指甲纹的制作工艺而言，同其他种类的剔刺纹一样，可能是我国工艺美术中镂空工艺的初始形态。如果在剔刺纹饰时，制作者用力再重一点，

杨官寨遗址出土的庙底沟类型镂空人面器座

剔刺得再深一些，纹饰就很容易变成镂空的了。镂空陶纹在比半坡稍晚的庙底沟类型和更晚的龙山文化时期陶器中均有发现，这种镂空工艺也许是受到剔刺纹的启发影响，逐渐演变而成的。

这件指甲纹陶壶器型完整，造型简洁，看起来似乎貌不惊人，但率性而别致，质朴而美观。口沿下方的指甲纹繁复、规整但不死板，风格清新活泼，是走心之作。心与手的共鸣，产生了奇妙的艺术效果。这类纹饰在原始陶器中较为少见，它对研究原始人的审美意识、陶器纹饰制作工艺以及我国工艺美术的历史等具有重要的价值，因而，在同类陶器中，它倍受人们的珍视和注意。

龙山文化镂空高柄陶杯

刻符陶片

远古的谜团

为了便于交流，原始人进而发明了一种在一定范围内使用的具有特定含义的记事或记数符号，这种符号的含义被不同部族共同认可。半坡出土的刻画符号当属此种，它可以说是萌芽状态的文字。

文字的发明被看作是文明产生的最重要标志之一，甲骨文被公认为中国最早的文字，也是相当成熟的文字。那么，汉字的萌芽，又是从什么时候开始的呢？

20世纪50年代中期，人们在半坡遗址首次发现了一些奇怪的刻画符号，共计有113个标本，22个种类。这些符号大都刻在陶钵外口缘的黑宽带或黑色倒三角形内，笔画大多均匀流畅，相当规整，有些笔画已相当复杂。随后，相继在陕西宝鸡北首岭、长安五楼、铜川李家沟和临潼姜寨等仰韶文化遗址也发现了此类刻符。据统计，在关中地区已发现刻画符号标本300余件，约五六十种。这些遗址分布在关中地区数百平方公里的范

临潼姜寨遗址刻画符号

围内，而这些在广阔的范围内被不同部族的人们同时使用的刻画符号，应该已具有了约定俗成的特定含义，这正是文字的特性之一。

有关刻画符号的具体含义，一直是学术界关注和研究的重要课题。郭沫若先生在他的《古代文字的辩证发展》一书中论证："彩陶上的那些刻画符号，可以肯定地说是中国文字的起源，或者中国原始文字的孑遗。"他还认为刻画符号就是"具有文字性质的符号"。

有关中国文字的起源，古代很早就有"仓颉造字"的传说。"黄帝之史仓颉见鸟兽蹄迒之迹，知分理之可相别异也，初造书契，百工以义，万品以察，盖取诸夬。"（许慎《说文解字》）考古证实，我国迄今可确认的最早文字是殷商时代的甲骨文，它的字数多达四五千个，已经具备了汉字的各种造字方法，还有比较系统的语法和句法，是相当进步的文字。在文字产生之前，人类表达思想、传递信息，最初主要靠手势语言和口语，后来，学会了借助一定工具记事，《易·系辞》就有上古"结绳记事，刻木为契"的说法，至今我国一些少数民族仍使用结绳、刻木的方法记事。随着社会的发展，原始人的活动范围逐渐扩大，社会生活渐趋复杂，部族之间的联系和交往也更频繁，为了便于交流，原始人进而发明了一种在一定范围内使用的具有特定含义的记事或记数符号，这种符号的含义被不同部族共同认可，具有文字性质的符号则开始出现。半坡出土的刻画符号当属此种，它可以说是萌芽状态的文字。

在对刻画符号的研究中，学者们注意到，半坡刻画符号与甲骨文同样出现在北方中原地带，二者所处地域吻合，并有许多相像之处，如刻画符号中的Ⅰ、Ⅱ、Ⅲ、Ⅹ、Λ、+、八等和甲骨文中一、二、三、五、六、七、八等数字相同。甲骨文属象形文字系统，刻画符号中已有部分笔画较复杂的，与甲骨文相同或相近。另外，晚于仰韶文化的马家窑、龙山、良渚、二里头等文化遗址中也发现了相同或类同的符号，甚至在河北永年台口村、偃师二里头、郑州南关外、上海马桥等商代遗址和地层中，也有同于上述的符号。种种迹象表明，从仰韶文化末期至商代的1000多年时间里，刻画符号延续了下来，这很有可能对甲骨文的形成起到了重要作用。如果甲骨文确实源于仰韶文化的刻画符号，那么，我国有文字的历史就可以上溯至6000年前。

刻画符号是半坡人留给今天最大的谜团之一，由于发现的数量和种类较少，大部分符号现在还无法确定它的具体含义。关于刻画符号的研究，目前仍在讨论之中，说法各不相同，有的学者认为它是独立于文字系统之外的另一种符号系统；有的认为，流行于湘西的女书文字、古彝族文字与半坡的刻画符号有渊源关系。刻画符号作为原始文化的一种现象，它的研究意义十分重要。刻画符号作为文字的萌芽，在原始文化乃至中华文化中有着不可忽视的地位与作用，随着新的考古资料的发现和研究的逐步深入，它的丰富内涵终将被揭示出来。

陶塑艺术品

审美意识的觉醒

与彩陶相比，雕塑品还显得相当稚嫩，虽然只有很少的几件，但题材却涉及人物、飞禽和走兽等方面，这正好让我们看到了一个新的艺术种类在雏形阶段的萌芽过程。

　　与成熟的彩陶艺术品相比，半坡人的雕塑品显得简单、稚拙而古朴。半坡遗址仅发现了7件陶塑艺术品，其中人头形雕塑1件，鸟形雕塑5件，兽形雕塑1件。这些雕塑品制作得虽然比较粗糙，但却能抓住不同对象的特点并加以突出，使其颇有艺术情趣。

　　人头形雕塑是用泥捏塑而成，细泥灰黑陶，人面略呈方形，头为扁平状，耳朵、眼睛、鼻子、嘴巴均用泥片附加黏合而成。由头顶至颈部有一位贯通的孔洞，推测可能是插在器物上的附属饰品。这件人头雕塑是目前我国发现最早的圆雕头像。它手法简单却质朴传神，很像是一位年迈的老妇人。一些研究者认为它可能是氏族老祖母的形象，而半坡人为什么要塑这样一

人头形雕塑

新石器时代（约6000年前）
1953-1957年西安半坡遗址出土
现藏西安半坡博物馆

鸟形雕塑

个形象，有什么深刻含义？这个谜团今天已经很难破解了，它也许反映了母系氏族繁荣时期，妇女享有崇高的社会地位，也许还有更深刻的寓意。

鸟形雕塑中有 3 件为鸟首状，头颈俱全，颇似鸽子，眼睛用剔刺纹表示，周身饰满锥刺纹；两件为鸟类的尾部，作翘翅状，塑造了小鸟展翅高飞的瞬间动态。其中一件鸟首形雕塑喙部尖锐有力，用锥刺的圆洞表示的眼睛机警有神。雕塑整体作回首远眺状，仿佛在呼唤落伍的同伴，又似乎是在寻找可抓获的猎物。在原始人眼中，鸟儿可以在蓝天之上展翅翱翔，快速到达令人神往的地方，这种能力是人十分羡慕的，因此，鸟形雕塑或许寄托了半坡人向往自由的美好愿望。

兽形雕塑为细泥红陶，头似兽而尾似鸟类，呈兽首鸟尾状。这件雕塑兽头表情悠然，憨态可掬，神态自若，而短短的鸟尾水平散开，似乎正准备冲天而起。远古陶工寥寥数笔，就把一个生动可爱的鸟兽合一的小兽形象展现在我们面前。

饶有意味的是，鸟形雕塑与兽形雕塑品最早是作为实用性的物件出现在陶器盖子上的。开始时，器盖上有一个泥疙瘩作为把手，后来，或许是哪位先民灵感乍现，把器盖上作为提纽的泥疙瘩随手捏出了鸟或兽的形状，于是，一件普通的器盖，就有了完全不同的感觉。尽管只是简单的改变，尽管还比较粗糙，但它却带给制作者意外的惊喜和乐趣，给了人们视觉上

兽形雕塑

的感受和享受！于是，一个新的艺术种类——陶塑艺术便悄然从器盖上脱颖而出了。

与彩陶相比，雕塑品还显得相当稚嫩，虽然只有很少的几件，但题材却涉及人物、飞禽和走兽等方面，这正好让我们看到了一个新的艺术种类在雏形阶段的萌芽过程。

到了仰韶文化晚期，出现了许多大型陶塑艺术品，如陕西华县太平庄出土的陶塑鹰鼎、紫荆的犬形陶壶、武功的龟形陶壶等。尤其是鸟的形象，在半坡类型彩陶中难以见到，而半坡之后的史家类型，特别是庙底沟类型文化中却大量出现，这或许正暗示着仰韶文化从半坡——史家——庙底沟等文化类型发展中的相互关联和牵制。

这件晚于半坡，属于庙底沟类型的陶鹰鼎，堪称史前陶塑艺术的巅峰之作。

陶鹰鼎为泥质灰陶，20世纪60年代初期出土于华县太平庄，高36厘米，呈三足站立状，体态肥硕，双眼圆睁，机警地注视前方。喙部刚劲有力，翅膀隐约可见，体现了鹰的瞬间动势。鹰顶部有一椭圆形敞口，体中空，可知属实用性器物。令人感到奇怪的是，鹰本是两足，鹰鼎为何塑成三足呢？在长期的实践中，人们发现了三足器比两足器坚实、稳定，又便于架柴烧火。这也许就是三角形稳定性原理的最早发现和利用。在造型上三足器又比四足器更为简洁、刚健，有一种独特的美感。在塑鹰时为求得稳定而又不失造型的美，聪明的原始先民巧妙地把鹰宽大的尾巴夸张成一条腿

陶鹰鼎

立于地上，于是，鹰便呈三足鼎立之状。这种造型的艺术美与实用性的完美结合，反映了原始人高度的审美意识和创造才能。

随着雕塑制作水平的提高和人类文化艺术的进步，雕塑艺术从稚嫩逐渐走向成熟，艺术与实用相结合的形式也得到了继承和发扬，人类的智慧和创造力在劳动中上升到了新的层面。半坡先民创造的这几件风格迥异的陶塑艺术品，虽然简单而略显粗糙，但却拙朴率真、妙趣横生，闪烁着原始艺术的动人光彩。

尖底瓶

史前神器

尖底瓶的造型独特而优美，通体散发着强烈的艺术气息，给人以强烈的视觉冲击。它流线型的器型，以及瓶体直径与瓶体高度之间的比例关系，被认为是陶制水器中最具美感的形制。

　　尖底瓶是仰韶文化最典型的器物之一，在仰韶文化遗址中普遍存在，不但数量多，而且形态变化规律性强，时代特征十分明显。它不仅造型优美奇特，而且体现出原始先民对力学重心原理的应用，因此，格外受到人们喜爱和赞叹。它形如梭状，小口、短颈、鼓腹、尖底，中部有一对耳穿。整个轮廓呈流线型，曲线左右对称，舒缓流畅、起伏自如。底部尖而凸出，一改陶器大部分都是平底的设计习惯，显示出明显的独创个性。陶瓶腹部有大面积的细绳纹饰，看上去有一种朴素粗犷的美感。

　　尖底瓶是一种水器，在实用上，这种造型设计十分科学。因其口小，在运水时，水不易颠洒出来；细颈的设计，便于手握和肩膀背，灌满水后

红陶双耳尖底瓶

仰韶文化半坡类型
高40.7厘米，口径6.2厘米，最大腹径21.5厘米
1955年半坡遗址出土
现藏西安半坡博物馆

从河边到居住地的路上水不易漫出，能有效保持水量；凸腹增大了腹腔容积，水容量增大；尖底可以分散水对瓶底的压力，增强了瓶的坚固性，还可以使器物平稳地插在沙土中；两边耳穿的位置左右对称，在两耳或瓶口系上绳子，系上绳子提起后，可以保持器身平衡，无论是提着、背着或者抱在怀里都非常方便，使人能省去不少力气，实用性表现十分突出。有的尖底瓶带有纹理，它不仅具有实用性而且还具备美学特征。

更为精巧的是，尖底瓶在汲水时，由于水的浮力作用，瓶的重心上移，瓶身向水面自动倾倒，水注满后，瓶的重心下移，瓶身自动扶正，提出水面，水不倾洒。另外，还有一些尖底瓶，当水灌到一定程度时，重心即下移，瓶口露出水面，倘若人为地将瓶口按入水面，使水注满，然后提起，瓶中之水则会全部覆出。但是，无论水注满还是注不满，尖底瓶这种特有的自动汲水现象，恰是物理学中重心原理的最早运用形式。虽然今天我们并不知道当时的半坡人是否已经认识到了这些科学原理，但不可否认，这是源于生活的伟大创造。

半坡类型早期尖底瓶腹部的斜向绳纹

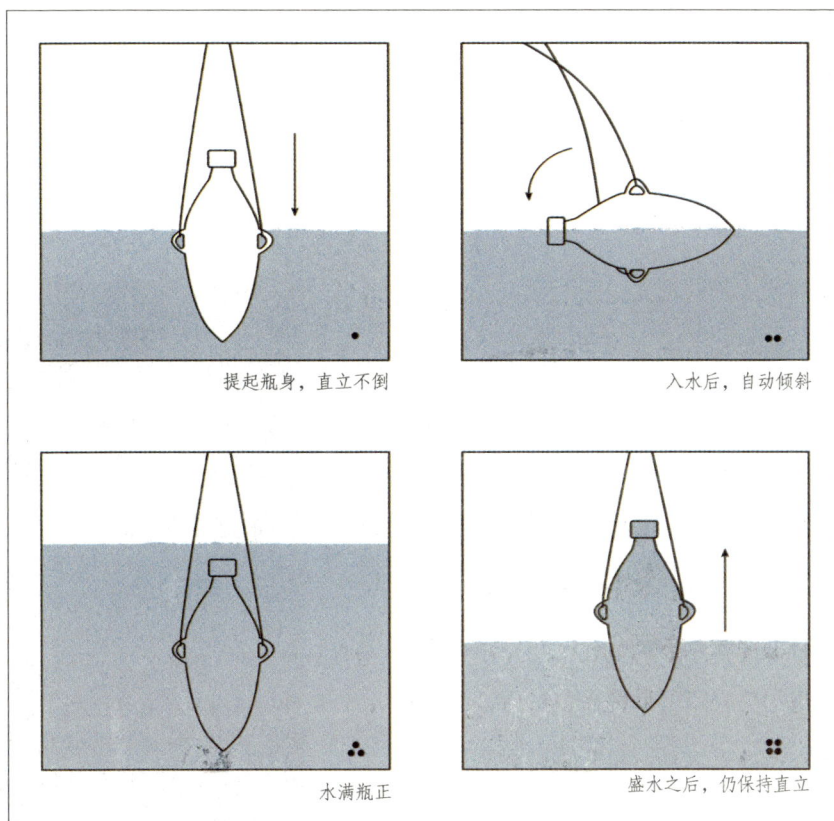

提起瓶身，直立不倒   入水后，自动倾斜

水满瓶正   盛水之后，仍保持直立

尖底瓶汲水原理图

    尖底瓶的发明，无疑是远古先民经过长期生产劳动实践，不断摸索、总结而获得的一种经验选择，尽管这种选择是不自觉的，但仍体现了半坡人在改造劳动生活用具方面有着非凡的创造才能。远古祖先们正是在这样长期的劳动中，不断地积累经验，不断地探索实践，不断地创造发明，由此推进了人类社会由蛮荒走向了文明。

    尖底瓶不独为半坡文化遗址所有，其他仰韶文化遗址中也常见到。除小口、长腹、尖底的基本特征外，各文化遗址出土的器形略有差异。半坡早期的尖底瓶呈颈短、腹鼓，口部剖面有方形、圆形、半月形、花苞形、葫芦状等不同形式，腹两侧有耳，腹上部一般装饰有向左斜的绳纹，个别为素面；晚期的尖底瓶颈部较长，肩阔，器身呈倒垂的长腰三角形或凹腰尖底状，附双耳，器腹部饰有竖细绳纹和篮纹等。仰韶文化庙底沟类型及马家窑文化遗存中发现的尖底瓶略有不同：庙底沟类型文化的尖底瓶早期则瓶口重唇，颈部较粗，多数无双耳；晚期重唇不明显，颈部趋细，器身瘦长，亦无双耳，多半是先在腹部拍印篮纹，然后通体再压印线纹。马家窑文化的尖底瓶则为侈口，直颈，折肩，腹部有双耳，为细泥橙黄陶制成，器表涂浅红色陶衣，以黑彩绘旋纹，纹饰充满动感，制作十分精细，装饰性很强。龙山文化早期亦有少量尖底瓶，还保留着仰韶文化的某些因素，中、晚期则渐趋消失。

随着历史的推移，尖底瓶逐渐不再被用作水器，人们也再难以见到它，但

半坡类型晚期的尖底瓶

庙底沟类型晚期的尖底瓶

庙底沟类型早期的尖底瓶

马家窑文化旋纹彩陶尖底瓶

是，它的特性却被后人所保留继承，并且加以利用。据推测，到后来它可能演变成一种叫"欹"的器物。"欹"就是倾斜的意思，欹器在古代被当作劝诫之物，是"中庸思想"的一种象征。《文子·守弱》记载"帝有观戒之器曰'侑卮'"，这里的"侑卮"指的就是欹器。据说，欹器在先秦时就失传了。相传，孔子曾在鲁桓公之庙见到过欹器，（见《荀子·宥坐篇》），孔子当时说"吾闻宥坐之欹器者，虚则欹（斜）、中则正、满则覆"，也就是说这种器物在空着的时候是倾斜的，

欹器示意图

水灌到一半时就会直立起来，当完全灌满水后，则口朝下，水全部倒出。孔子叫他的弟子用欹器注水试验，其结果与孔子说的完全相同。于是，孔子喟然而叹"吁，恶有满而不覆者哉"，意在教诲他的学生为人做事要不虚不盈、稳重求中。从孔子说的情况看，欹器的特点与尖底瓶近似。

　　此外，在甲骨文中，有一个字"酉"的写法是这样的"🏺"，其字形和尖底瓶的外形十分相似，一些专家认为"酉"字即来自尖底瓶。甲骨文的"🏺"再加"水""〰"另造"🏺"即"酒"字。在古代，"酉"和"酒"两个字是可以通用的。"酉"字的本意可能和尖底瓶相关。看来，尖底瓶不仅能够打水，或许后来还用来盛酒，与最早的酒文化有着密切的联系。

半坡人制作的尖底瓶，结构为红陶质地，一般采用泥条盘筑法手工制作，双耳是后捏塑成型的，烧结程度非常好，质地较为坚实。早期原始人类制作陶器，多是对自然界生物外形的一种模仿，然而尖底瓶的形状在自然界中却难以看到，这反映了半坡人制作陶器已经超越了纯粹的模仿，有了鲜明的创造意识。这种颇似鱼形的流线型瓶体或许是半坡人在捕鱼活动中经过细致观察而得到的一种启示，或许是受到了自然界中橄榄、葫芦等植物形状的启发，进行了一种大胆的改造变形。至于6000年前原始人创作尖底瓶的灵感究竟来自何处，现在仍是一个难解之谜。

　　尖底瓶的造型独特而优美，通体散发着强烈的艺术气息，给人以强烈的视觉冲击。它流线型的器型以及瓶体直径与瓶体高度之间的比例关系，被认为是陶制水器中最具美感的形制。尖底瓶可以说是对力学重心原理的最早应用，它的发明对中华文明是一个卓著的贡献。然而它让今天的人们引以为骄傲的不仅仅是它蕴含的科技原理，更让人感到震惊的还有它的文化内涵。至今，这件凝结着远古祖先创造和智慧的"史前神器"——尖底瓶，仍有许多未解之谜等待研究和探索。相信，总有一天，人们对它还会有更新的发现，从而，使之放射出更加迷人的光彩。

陶甑

人类最早利用蒸汽的见证

陶甑最伟大的创造，在于底部的钻孔。这件陶甑底部的7个钻孔非常规整、规律，显然是人们有意识、有目的钻出来的，反映了陶甑从它诞生的那时起，就被深深地打上了原始先民自觉意识的烙印。

甑是远古人类利用蒸汽来加工食物的一种炊具。《古史考》载，"黄帝作釜甑"，又说黄帝"始蒸谷为饭，烹谷为粥"，以为甑是黄帝创造的。实际上，远在黄帝之前，半坡人就已发明了土制陶甑。

半坡出土的这件陶甑为细泥夹砂制品，内外表较粗糙，形如陶盆，底部周边有7个长方形孔眼，每孔长约1厘米、宽约0.7厘米。陶甑是与陶罐、陶盖配套使用的。蒸饭时，先将装有食物的陶甑放置于盛有水的陶罐之上，盖上陶盖，然后，在罐下架柴生火，水烧开后，蒸汽通过甑底部的孔眼将甑里的食物加热蒸熟。这与我们今天日常生活中使用的蒸笼、蒸锅的道理一样。陶甑是半坡人的伟大创造，它的出现，结束了人类只能吃到烧烤和

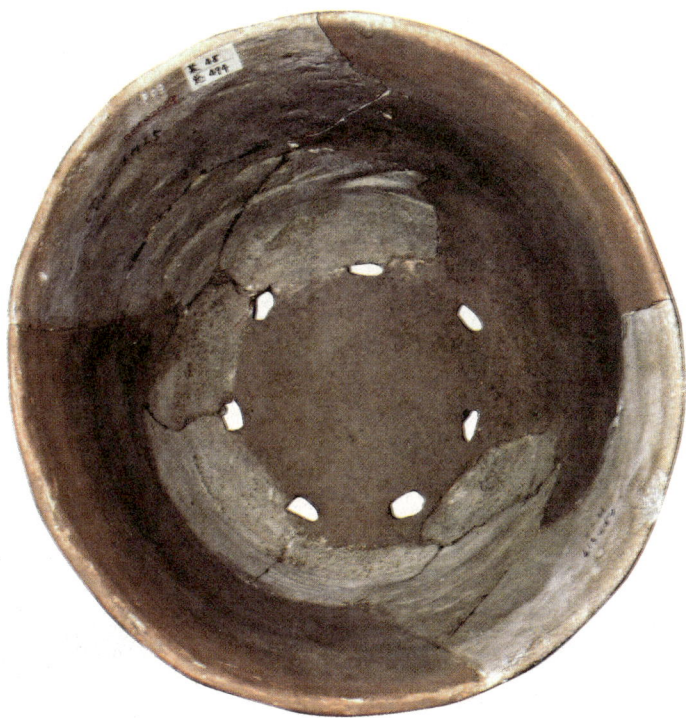

红陶甑

新石器时代（约6000年前）
高13.2厘米，口径24.5厘米，底径14.5厘米
1954年半坡遗址出土
现藏中国社科院考古研究所

煮熟食物的历史。

人类饮食史的发展，经历了漫长的历史岁月。在火尚未被利用和发明之前，远古人类经过了一个生食阶段，能吃的食物原料被直接送入腹中；当人类在偶然的机会学会利用自然界中的火之后，人类可以吃到烧熟和烤熟的食物了；而当取火技术发明后，人类才真正开始进入熟食阶段。

陶器出现以前，人们加工食物的办法已有了烤和煮。烤的办法主要是在火上直接烧烤兽肉，或者在加热的石器表面上烤熟食物；煮的办法有"石烹法"，人们先在地上挖一个坑，在坑里铺上兽皮，注入水，放入兽肉，然后不断把石块放在火上烧热，投入水中，使水沸腾，用这样的办法人们吃到了煮熟的食物。而粮食出现以后，人们很难再用以往的办法做熟粉末状的食物，人们对耐火烧烤容器的需求十分迫切，这种愿望也催生了陶器的诞生。

陶器是人类第一次利用火的威力，改变了物质的化学性质，把一种物变成了另一种物，

陶甑使用示意图

创造出了自然界所没有的新物质。陶器大约出现在距今一万年前，可以说陶器最初出现就是为了盛装和烹饪食物。最早出现的陶器器型比较简单，制作也比较粗糙，主要有陶罐、陶盆、陶碗、陶瓮等；到了6000年前的半坡人时期，陶器种类逐渐繁多，器型更加多样，制作也十分精良，半坡遗址出土的陶器有饮食器、水器、储藏器、炊器四大类，数十种器型。陶器已成为当时人们日常生活中不可缺少的必需品，不仅主要的生活用具是陶器，一些陶器还用作生产工具。陶甑无疑是半坡陶器中一个杰出的创造。

半坡遗址共出土了8件残陶甑，材质有粗泥夹砂制品和细泥夹砂制品。在长江流域的跨湖桥遗址、河姆渡遗址，黄河流域的裴李岗等文化遗址中也有陶甑出土，其年代大约在距今8000—6000年，可见这一时期不少地区的远古先民都已经能够利用蒸汽，用陶甑蒸谷为饭了。

在几千年的历史发展中，陶甑经后世人们不断地改造、创新、完善，造型逐渐演变，功能亦不断提高。比甑出现稍晚的甗就是由甑演变而成的，它上半部分是个陶甑，下半部分是个带三足的陶鬲，上下连体，中间是活箅，鬲足如乳房状，中空可以装水。陶甗能蒸能煮，比甑使用起来功能更多，更为快捷便利。至商代又出现了青铜制作的甗，更加坚固耐用和方便，已经是相当成熟的蒸锅了。到了西周末期和春秋初，甗不仅是炊器，还被用作礼器。进入铁器时代后，甗又由青铜材质演变为"铁甗"。以后人们渐渐发明了由竹木制作而成的"蒸笼"，轻便实用，取材容易，便逐步替代了甗，从此，"蒸笼"这一炊器世代沿袭，这一名称也一直沿用至今。

龙山文化灰陶甗　　　　　　　　　　　　商代兽面纹青铜甗

现代蒸笼的结构与材料虽各式各样，但基本构成原理仍与陶甗相同。

　　陶甗是人类最早用来蒸熟食物的炊具，蒸食是中国人最常用的饮食方法，也是最具中国特色的独到的一种烹饪方式。据了解，即使今天，西方人在烹饪时还极少运用蒸的方法，而是以烤为主，甚至缺少蒸的概念，因此，西餐中的主食主要是面包。而东方以蒸法见长，馒头、米饭成了主食的最大特色。

　　陶甗是远古先民利用蒸汽原理烹煮食物的最早见证，它丰富了原始人的饮食结构，用它蒸熟的食物比之其他烧烤食物更易于被人体消化吸收，从而改善了人类的肠胃及营养状况，促进了脑部及身体发育，进而，促进了人类社会的向前发展。陶甗的出现，证明在 6000 年前，半坡人就已经学会利用蒸汽为自身生活服务了。它为人类饮食史揭开了新的一页。

　　陶甗最伟大的创造，在于底部的钻孔。这件陶甗底部的 7 个钻孔非常规整、规律，显然是人们有意识、有目的钻出来的，反映了陶甗从它诞生的那时起，就被深深地打上了原始先民自觉意识的烙印。它所具有的实用

现代蒸笼

性，不再掺杂有主观神秘的意念，相反，它闪现出壮丽的智慧灵感，反映了半坡人对客观事物的观察认识开始变得冷静，理性的东西开始在他们的大脑思维中萌动，这正是原始思维进步的一个标志，而器物的实用性是我们祖先理性的创造灵光闪现，是半坡人从蒙昧中获得的一次解脱。

到18世纪中叶，英国科学家瓦特发明了蒸汽机，首次将蒸汽用作动力，开创了一个伟大的蒸汽机时代，在近代欧洲工业革命史上建立了一座丰碑。陶甑作为人类使用蒸汽的起点，永久地闪烁着中华民族的智慧之光。它将启迪、激励今天的人们，不断探索开发和利用自然，为人类自身造福。

数学的萌芽

蒙昧中的灵光闪现

由 36 个圆洞构成的一个非常规则的等边三角形，每个边是 8 个等距离的孔，形成了一个等差数列，它反映半坡人已能从一数到 8，很有可能有了 36 以内的数字概念。

数学的萌芽，是从数、形概念出现时开始的。最早的数的概念，是作为一些自然物的个数而产生的，比如一颗苹果、二只羊、三只猪等，当生产力有所发展，物品有了一定的剩余，需要储藏或进行分配时，人们才有可能进行计数。而随着各类物品反复计数的次数增多，人们逐渐开始用手指、小石块、小树枝、木上刻口或绳上打结等来代表具体的苹果、羊等实物的数量，数的概念慢慢从实物中抽象了出来。

在半坡人制造的许多生产工具和生活用具中，都可以看到规则的形状和数字，如上窄下宽的梯形石斧、石锛，圆形和球形的纺轮、石球、陶盆、房屋、灶坑，截尖圆锥形的地窖、陶罐，方形和长方形的房屋，彩陶图案

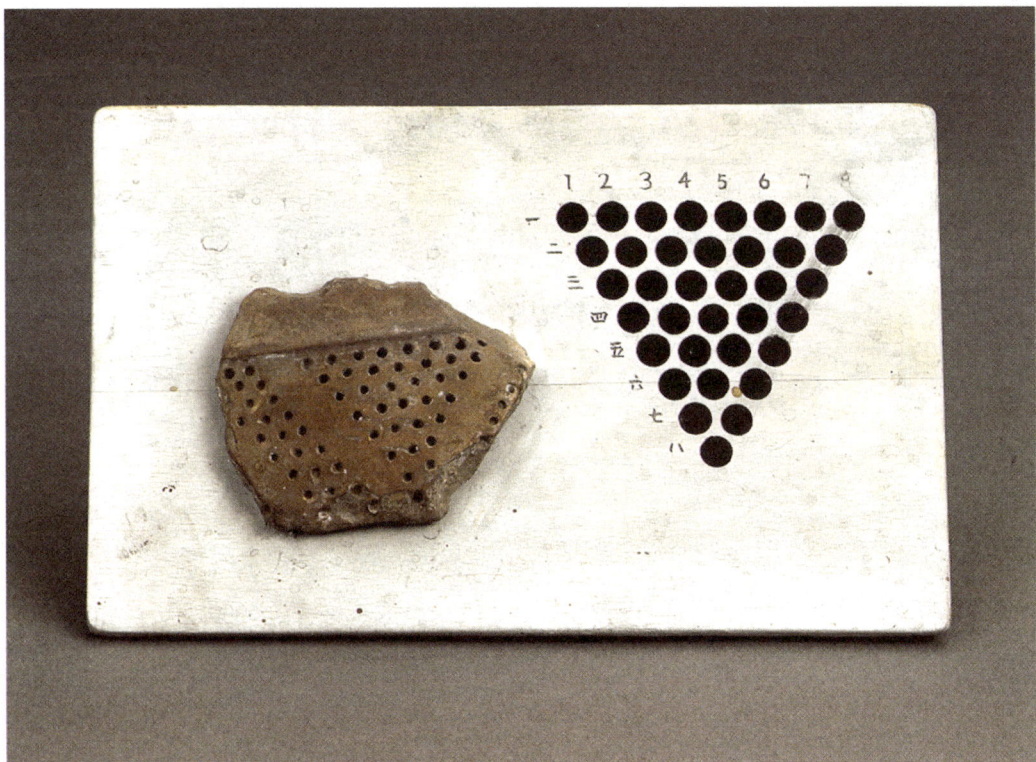

钻孔陶残片

新石器时代（约6000年前）
1953-1957年西安半坡遗址出土
现藏于西安半坡博物馆

半坡遗址出土的陶环

中的三角形、菱形、圆形、平行线等，陶器口沿上的等分圆周现象等，更为神奇的是刻画符号中已出现了一些数字符号，这种种现象反映了6000年前，数与形的概念已经产生，数学的萌芽已经出现了。

　　半坡人应该已产生了抽象的数的概念。在刻画符号中，有 | （一）、|| （二）、Hl（三）、X（五）、Λ（六）、十（七）、八（八）等数字符号。在半坡遗址出土的一个陶片上，我们发现了由36个圆洞构成的一个非常规则的等边三角形，每个边是8个等距离的孔，形成了一个等差数列，它反映半坡人已能从1数到8，很有可能有了36以内的数字概念。另外，半坡遗址中出土了不少陶环，有的内圈为圆形，外圈为5个角、6个角，甚至9个角的多角形，这要求人们首先有5、6、9等数的概念；有一些陶环，外圈呈齿轮状，齿数多达30个，这些角或齿数大多间距大体相等，反映人们对多角形认识以及对数的灵活运用。

半坡人的彩陶纹饰中，出现了较多的直线图形，有折线、平行线、三角形、菱形、长方形等，三角形最多，有直角三角形、等腰三角形、等边三角形及大量任意三角形，半坡晚期许多变形简化的鱼纹，就是三角形构成的。有一个三角斜线纹彩陶钵，上面布满了三角形和直线，每一个黑色大三角形中间有倒置的原地空心小三角形，大三角形正倒交错，中间以七条斜置的平行线相隔，整体图案均衡、多变，呈现有节奏的韵律感，不仅美观，也反映了半坡人形与数的概念。

三角斜线纹彩陶钵

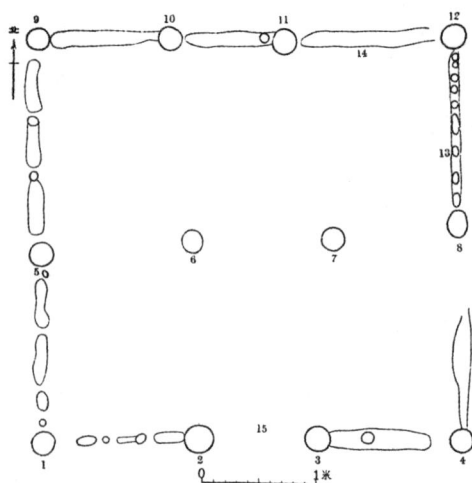

第 24 号方形房址平面图

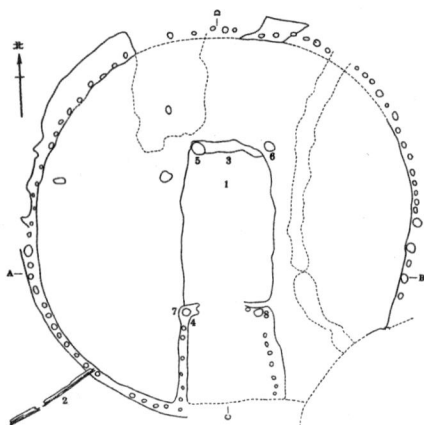

第 22 号圆形房址平面图

　　形的概念在房屋建筑中也有体现，方形房屋和圆形房屋是两种基本形态。半坡晚期的第 24 号房址，长 4 米，宽 3 米，有 12 个柱洞，柱洞分布均匀，似乎经过严格的丈量，是一个标准的长方形。在各类几何图形中，矩形是最难把握的，它需要人们掌握直线、直角、平行线、等距离长短等多个概念，半坡人能精确运用，实属不易。

　　圆形是原始人运用最多的一种形状，各种周长相等的多边形中，圆的面积最大；同样多的材料制成的器物中，也是圆形器物的容积最大。半坡人当然不懂这个原理，但长期的生活实践中，他们却发现了这个现象。另外，圆形的东西自然界中比较多，原始人便于模仿；圆形器物也比较好制作，因此半坡人的陶器中，绝大多数都是圆形的。一些陶器及圆形房屋非常规则地呈圆形，反映半坡人可能已掌握了用一个圆心和一个半径来画圆的方法。

令人惊叹的是，很多陶器上出现了等分圆周的现象，除了前面提到的陶环上的角或齿大体等分圆周外，彩陶口沿上均匀分布的花纹以及陶器内壁均匀分布的图案，如人面鱼纹盆内壁和口沿的纹饰，则体现了人们更加明确地划分圆周的意图。目前所见的等分圆周有3等分、4等分、5等分、6等分、7等分、8等分、9等分、10等分、12等分圆的图案。尽管这还不是几何学意义上严格的等分圆，但它却体现出了一种史前人类朦胧的等分圆的思想萌芽。这种等分圆周的图案是借助什么工具怎样完成的，现在还是一个谜，但毫无疑问的是后来准确规范地划分圆周以及几何学的诸多理性的概念和知识正是发端于此。

姜寨遗址出土人面鱼纹盆口沿上的8等分纹饰

陶埙

远古天籁

陶埙乐器结构简单，体量不大，音色却具有神秘、古朴、空灵、沧桑的特点，犹如天籁之音。它的外表看似普通，但蕴含的文化却博大精深，折射出中华民族的精神与远古文明的精髓。

埙，是我国最古老的乐器之一。相传，古代氏族首领帝喾曾命一个名叫倕的能工巧匠制造了多种乐器，其中就有埙。南宋《路史》记载着"庖牺灼土为埙"的传说。那么，埙究竟产生于何时呢？

1956 年，在西安半坡遗址首次发现了两枚 6000 年前土烧的陶埙，它们保存完整、细泥捏成，表面光滑但不平整，呈灰黑色，形似橄榄。其中一枚上下贯穿一孔（属单音孔埙），另一枚只有一个吹孔，没有音孔。半坡陶埙的发现，为研究埙的历史乃至我国音乐的渊源提供了极为珍贵的实物依据。

我国著名音乐家吕骥曾用闪光测音机测定，半坡单音孔陶埙的音程、音色和音调同现代钢琴发出的小三组 F3-bA3 极为接近。有关专家还测试

陶埙

新石器时代（约6000年前）
长5.8厘米，宽2.8厘米
1956年西安半坡遗址出土
现藏于西安半坡博物馆

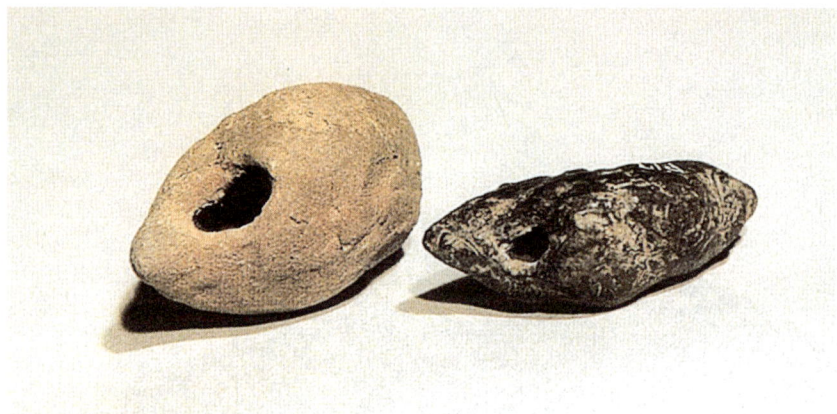

半坡遗址出土的两枚陶埙

过，如果用全开、全闭两种按孔法变换角度吹奏，它能吹出"5、6、7、i"四声音阶序列，音色圆润，在同类埙中属罕见。这些实验证明，半坡陶埙属于具有一定演奏功能的原始乐器，是我国乐器——埙的最早形式。

除半坡之外，在新石器时代的浙江余姚河姆渡、陕西临潼姜寨、河南郑州大河村、山西万荣荆村遗址等也发现有陶埙。说明远在六七千年前，不同地区的一些部落都使用这种吹奏乐器。起初，陶埙并不是直接用作乐器的，可能是狩猎生产当中的一种拟声工具，模拟动物声音，诱使飞禽走兽前来，伺机捕获；或用其发出的声音信号，指挥人们围猎捕兽。陶埙的制造形式可能受到竹管、竹哨等其他原始拟声器的启发，后来，随着原始歌舞的发展，经过不断加工改造，逐渐增加按音孔、音节有所增加，慢慢

河姆渡遗址出土的陶埙

地能够吹奏简单的曲调旋律，可以在氏族举行的大型集体活动时用来伴奏了，遂逐渐发展为乐器。

埙的起源和发展，经历了漫长的历史岁月。如同其他艺术形式一样，音乐及乐器，都是远古先民在长期的生产和生活实践中逐渐创造的。大自然中处处可以发现美妙的声音：婉转动听的鸟鸣声、悦耳的蝉鸣声、泉水的叮咚声、河水海水的波涛声等；还有树皮、树叶卷起来吹出来的声音，骨管、竹管吹出的独特的声音，甚至将手放

姜寨遗址出土的陶埙

山西万荣荆村遗址出土的陶埙

在嘴上也能发出特别的口哨声，这些都给人们带来了别样的愉快的感受。当然，自然界中也有电闪雷鸣、狂风暴雨等恐怖的声音。人们听到各种不同的声音，会触发不同的情感，或轻松喜悦，或恐惧悲伤，渐渐地，人们希望经常能够听到某种美好的声音，并通过一个能长久保存的器物吹奏出来，持续下去，丰富自己的生活，愉悦自己的心情，乐器应该就是在这时应运而生了。

半坡时期是各种原始艺术的起源时期,绘画、雕塑、装饰品、音乐等，都可在此窥其踪迹。乐器除陶埙外，这一时期不同遗址中还发现有陶鼓、

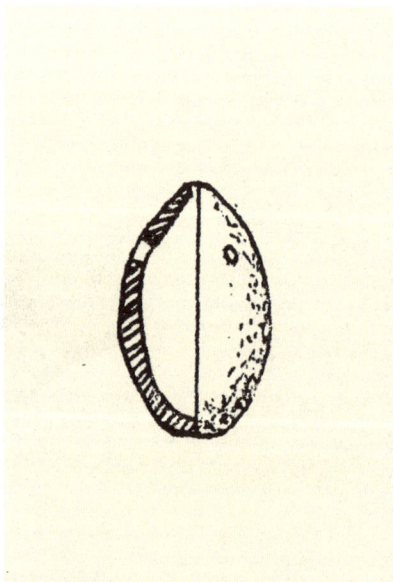

河南郑州大河村遗址出土的陶埙线图

现代八音孔陶埙

现代十一音孔陶埙

陶号、陶缶、陶摇响器等原始陶制乐器，可以想见，先民的精神生活还是十分丰富的。更加令人惊讶的是，1987年在河南舞阳贾湖遗址三期出土的八孔骨笛，距今已有8000余年，竟然可以吹奏出清晰的七声音阶，已经是十分完备的古乐器了。这也是中国迄今为止发现最古老的乐器，堪称中国古代音乐文明史上的一个奇迹，让人们对祖先的智慧和创造力有了全新的认识。

埙经历了由单音孔到多音孔的演变过程。原始社会时期，埙是单音孔、二音孔或三音孔的，至商代出现五音孔陶埙，汉代有六音孔陶埙，现在改良的埙则有八音孔和十一音孔等。

埙是中国古代最重要的乐器之一，其音色低沉浑厚、圆润透明。原始的埙乐我们已无法直接了解了，有关埙的古乐谱也早已失传。然而，从后世的一些记载里，仍能窥其一斑。在古代，埙常与篪合奏，篪是一种竹制乐器，专用于雅乐。《毛诗》曰"如埙如篪、言相和也"，《诗·小雅》有"伯氏吹埙、仲氏吹篪"的描写，《荀子·乐论》形容"埙篪翁博"，表明埙篪形影不离，二者常常结伴同登大雅之堂。有资料显示，埙在战国初期就广泛应用于宫廷的祭奠活动中。秦汉以后，埙成了宫廷雅乐乐器大家族中重要的成员。

埙与篪的组合是古人长期实践得出的一种最佳乐器组合形式，篪的声音高亢明亮，埙的声音低沉优雅，埙篪合奏所得乐声浑厚而不乏高亢，深沉而不乏激越，两种乐器一唱一和，互补互益，和谐统一，所奏音乐相合悦耳，悠扬动听，为人称道。由于埙篪合奏珠联璧合，因此常被后人比作兄弟和睦之意。古诗云："天之诱民，如埙如篪。"说的是上天诱导平民，如同埙篪一样相和。埙篪之交也象征着中国古代文人的一种君子之交，表达一种高贵、纯洁和牢不可破的友谊。

埙乐如泣如诉，动人心弦，古人将埙的声音形容为立秋之音。《旧唐书·音乐志》说："埙，立秋之音，万物曛黄也，埏土为之……"让人体会到一幅秋天微微凄凉、朦胧而华美的艺术画面。埙的音色苍凉、深沉、哀婉、幽深，同时又有优雅而美丽的感觉，具有一种神圣、典雅和神秘高贵的精神气质，常常能够直透心灵，有一种让人心灵震颤的独特美感。

近年来，一些音乐工作者根据考古资料，对古陶埙不断研究发掘并有所创新，使这一古老的艺术得以重现光彩。1984年，演奏大师杜次文在美国洛杉矶奥运会的开幕式上演奏埙曲《楚歌》，使埙乐首次登上了世界舞台。动人的旋律回荡在洛杉矶的上空，展示了中国古乐器的神奇魅力。1993年，中国第一位民族管乐硕士刘宽忍与当代作家贾平凹出版了《废都》的埙乐专辑，让更多的人首次通过文学作品熟悉和了解了埙。1997年，音乐家张维良出了第一张埙的 CD 专辑《问天》，首次运用制埙大师张荣华的低音大埙演奏音乐，埙的表现力有了新的突破，埙乐文化进入了一个丰富多彩的时代。

陶埙乐器结构简单，体量不大，音色却具有神秘、古朴、空灵、沧桑的特点，犹如天籁之音。它外表看似普通，但蕴含的文化却博大精深，折射出中华民族的精神与远古文明的精髓。今天，当您走进西安半坡博物馆，就会听到一阵阵悠远苍凉、深沉委婉的陶埙乐曲，它仿佛缩短了今天与远古时代的距离，让人产生无尽的幽思遐想。

钻孔技术

半坡人的精工艺

小小的孔，虽然看起来不起眼，但正因为有了孔，我们的祖先才制造并改良了大量的生产和生活用具，人类才能从万物中脱颖而出，成为真正的强者。

钻孔技术是人类的伟大发明之一，处在现代社会中的我们，生产生活都离不开钻孔，然而，这种需要一定技术含量的工艺究竟是人类在何时掌握与广泛应用的呢？在西安半坡博物馆的出土文物展厅里陈列着这样一件文物：它是一件穿孔石斧，通体磨光，黝黑圆润。在石斧中上部有一圆形孔洞，形状规则，明显由人工制成。据资料研究，6000 年前，半坡人会将这把石斧的石质部分插入劈开的木柄中，然后用木销从孔中穿过。实践证明，这种穿孔石斧可比单纯用麻绳捆绑成的石斧要牢固得多。其实，不单单是这一件，从半坡遗址出土的大量文物中我们发现，在生产及生活工具上钻孔对半坡人来说已不是一件新鲜的事。骨针、纺轮、陶器、装饰品……

穿孔石斧

新石器时代（约6000年前）
半坡遗址出土
现藏于西安半坡博物馆

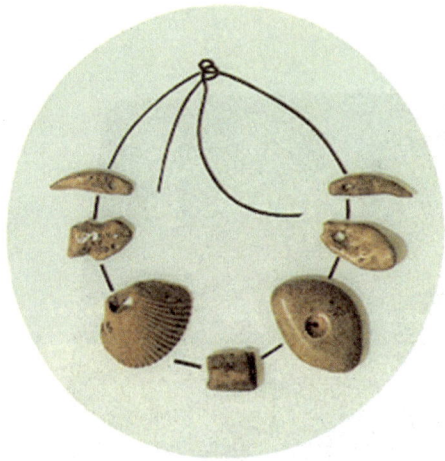

装饰品上的孔（山顶洞遗址出土）

无一不为我们展现了处于 6000 年前的半坡人不可思议的钻孔技术。

说到钻孔的起源，我们可以追溯到旧石器时代晚期，那时的原始先民就已经利用自己的聪明才智发明了钻孔技术。在距今 40000 至 20000 年的辽宁海城小孤山仙人洞遗址中，考古工作者曾发现一枚带孔的骨针；而旧石器时代晚期的虎头梁遗址中出土的 13 件装饰品，就是采用贝壳、鸵鸟蛋皮、鸟的管状骨及石块穿孔制成。另外，在 18000 年前的山顶洞遗址中，考古工作者也在骨针和装饰品上找到钻孔的踪迹。可以说，钻孔技术从旧石器时代发端，到了新石器时代逐渐成熟与精湛，成为新石器时代生产及生活工具的特色之一。这一点在半坡遗址出土的各类遗物中就可得到印证。

钻孔技术的出现给人类的生活带来巨大改变。半坡人已熟练掌握了在陶、石、骨、角、蚌等质地的器物上钻孔的方法，这些器物几乎涵盖了半坡人生产生活的各个方面。6000年前的孔钻在陶器上，陶器如果开裂了，半坡人就在裂缝的两边各钻一个孔，用麻绳穿过系牢，这样陶器还能继续使用；另外，半坡人会在骨针上钻孔，他们已经熟练掌握了在直径2毫米的骨针上钻出直径只有0.5毫米小孔的方法；当时，半坡人还会用蚌壳、兽牙、骨珠制成装饰品来美化自己，我们发现，这些装饰品上的孔竟然十分规整。小小的孔，虽然看起来不起眼，但正因为有了孔，我们的祖先才

陶器上的孔（半坡遗址出土）

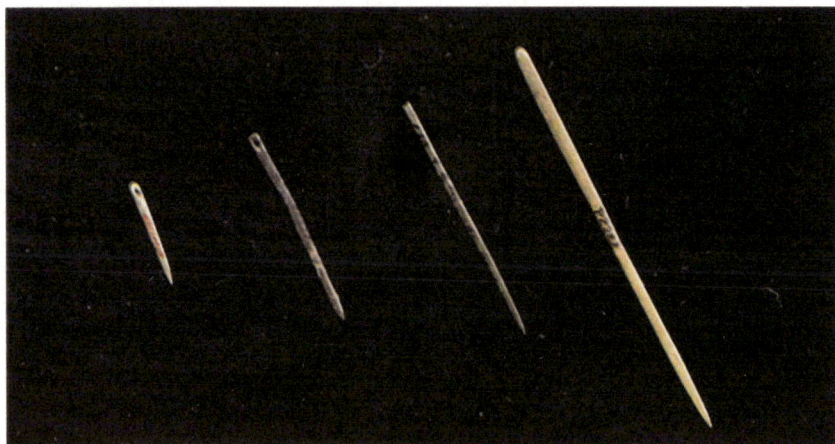

骨针上的孔（半坡遗址出土）

制造并改良了大量的生产和生活用具，人类才能从万物中脱颖而出，成为真正的强者。

通过观察半坡遗址出土器物上的孔，我们发现，孔的形状各异。有的孔壁较直，有的则一面大另一面小……根据相关考古发现并结合民族学资料可知，我们完全可以通过孔的形状来推断原始人类的钻孔方法。原始先民钻孔有单面钻孔和双面钻孔之分。单面钻孔即仅从器物的一侧开始钻孔，孔径越钻越小，观察孔的整体形状可发现孔眼呈现出一面大一面小的外观特征，类似于马蹄形状。双面钻孔即双面对钻，先从器物的一侧开始钻孔，当钻到大概中间位置的时候，再从对应位置的另一侧开始钻孔。这样钻好的孔洞从整体上看呈现两面大中间小的外观特征。从这两种钻孔方法的技

蚌壳、兽牙上的孔（半坡遗址出土）

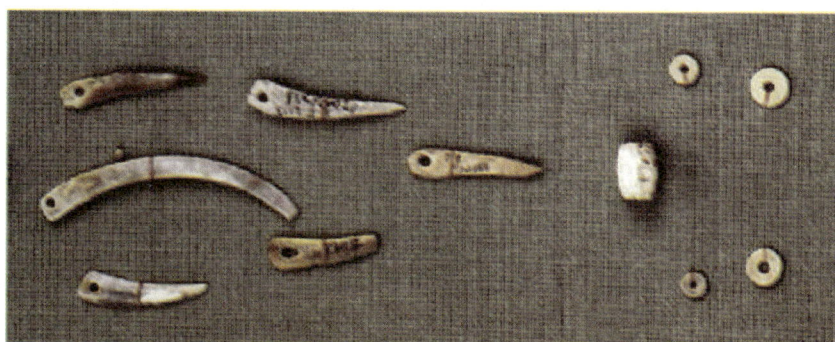

蚌壳、兽牙上的孔（半坡遗址出土）

术层面看，双面钻孔较单面钻孔更为先进且难度更大。由于双面钻孔时需要两侧对钻，钻具的取位就非常重要，若有偏差其圆心就不在一条直线上，致使孔壁上留下凸起的台痕，因此这对钻孔技术的要求就更高了。

至于半坡人怎样钻孔？著名考古学家、半坡遗址主持发掘者石兴邦先生在《西安半坡》考古报告中将其总结为以下四种：

首先是锥琢穿孔法。这种方法即用质地坚硬且较为尖锐的器物，如石、骨等进行反复锥琢。它有两种具体情况：一种即先琢开一个孔径的范围，然后再在此范围内加以锥琢；另一种即从头至尾用锥琢的方法直至琢透。

第二种方法为管筒穿孔法。根据民族志材料我们得知，当时原始人用竹管、骨管或木质管状物，加砂，进行旋转钻孔，直至钻通。这种钻孔方法有一定的优势：钻出的孔洞较为规则，孔壁较直，斜度较小且有明显的旋转螺旋纹痕迹。本文一开始提到的穿孔石斧即为这种方法所钻。一般较

原始管钻技术示意

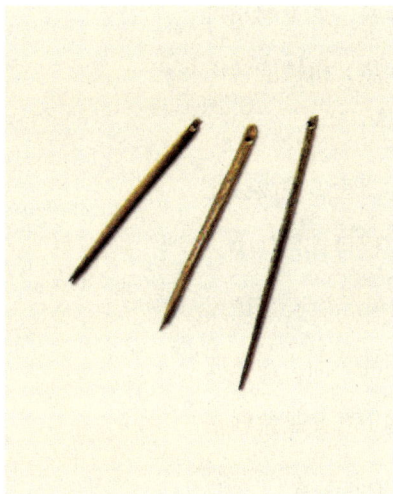
骨针（半坡遗址出土）

薄的器物，如纺轮，仅从一面就可穿透，即可采用单面钻孔的方法。也有一些器物从两面钻孔，一面较浅，另一面则较深。还有的孔洞先在器物两面钻到一定的深度，再在中间穿通。

第三种钻孔方法为管琢并旋法。顾名思义，即从两面钻孔，一面管穿，另一面锥琢，厚度相同。

第四种则是锥钻穿孔法。这种方法一般使用质地坚硬且较为尖锐的石器在较软的石质上进行锥钻，钻孔断面呈漏斗形且两面钻通。

半坡人主要通过以上四种方法在陶、石、骨、角、蚌等各类材质的器物上熟练钻孔，在新石器时代，没有像钢铁一样比石、骨更为坚硬且锐利的钻孔器物，更没有现代化机械的帮助，富有智慧且善于实践的半坡人物尽其用，巧妙地将自己的思维创造发挥到极致，掌握了娴熟的钻孔工艺，实属不易。

纵观半坡人的钻孔方法，其实之中蕴含着最为简单朴素的工艺与物理学原理，以管钻技术为例，半坡人利用石、骨、木、竹等天然钻具配合石英砂和水旋转钻孔。加水首先可以使得石英砂能够吸附在要钻孔的地方，还有十分重要的一点是可以降温，如果利用竹管、木管作为钻头的话，可以有效防止钻头部分因摩擦生热，机械能转化为内能而着火。加砂则是为了加大摩擦力，更快地钻出孔洞。

以上所述均为在较大器物之上进行钻孔，而在细小的器物上完成钻孔如何得以实现呢？我们发现，半坡遗址中总共出土了281枚骨针，其中，最细的一枚直径还不到2毫米，这些骨针大多数都钻有针孔，针孔直径只有零点几毫米。当我们面对如此精致的骨针时内心的疑问油然而生，半坡人在制作这些骨针时究竟是先磨制还是先钻孔的呢？这些小孔又是怎样钻上去的呢？这些都值得我们去探究。对于"先磨制还是先钻孔"这个问题，有的学者认为无论使用哪种制孔方法，其工序都是先制孔再磨制成型的。但据实验考古研究我们发现，先磨制针身或先钻针孔都是可行的。这主要是由针身粗细程度，制作工艺的熟练程度，钻孔工具和制作习惯所决定。为了探究半坡人在骨针上钻孔的方法，西安半坡博物馆职工曾在90年代初做过一次实验考古研究，该实验先将猪骨磨制成型然后钻孔，经过不懈努力最终钻孔成功，整个制作骨针的过程耗时2小时45分钟。可见，先磨制后钻孔这种方式是完全可行的，只是耗时久，难度大，钻孔时需保持十分的注意力，稍不留意就可能因骨质较脆发生孔洞崩裂现象。我们不得不佩服半坡人的细心程度，更为他们的毅力与耐心而由衷赞叹。对于在骨针上钻孔的方法，据考古学家的考古实验研究推测：单面钻孔和双面对钻都是可以的。另外，从半坡遗址出土的骨针上的孔眼我们发现，有一些较为扁长，考古学家推测半坡人在当时可能是用锋利的小刀片，顺着针身的方向，在磨得扁平的柄端切割开一个小小的孔眼。时隔6000多年，当面对这一根根巧夺天工的杰作时，我们由衷地为半坡人聪明的头脑、高超的钻孔技艺以及精湛的手法惊叹！

时光流逝，岁月依稀。从出土文物上精致规则的钻孔我们看到了6000多年前半坡人的智慧闪光。而今天，我们的生活中也处处都能见到孔、用到孔，小到在皮带、玻璃上打孔，大到油井钻探、海底隧道工程建设，甚至是手术医疗都与史前人类的创造息息相关。孔洞虽小，却凝结了人类超凡杰出的才能和勇于实践的魄力，打开了人类由小见大，不断科学创新实现梦想的无限思维！

半坡人的装饰品

美的呼唤

随着人类灵魂、精神观念的逐渐觉醒，这些所谓的装饰品被赋予了祈福等寓意的精神色彩，常作为「护身符」来使用，被人类赋予了更多美好的寄托与神秘的色彩。

这是一组出土于 6000 年前仰韶文化典型的聚落遗址——半坡遗址的装饰品。骨笄、环饰、珠饰、牙饰等各类装饰品闪动着非凡的灵气，无一不展现出半坡人对美的崇尚、热爱与追求。

人们常说"爱美之心，人皆有之"，如果对史前文化有所了解，你会发现"爱美之心，自古皆有"。说起人体装饰，早在旧石器时代就已发端。1963 年，考古人员在山西朔县峙峪遗址的发掘中，发现一件有钻孔的石墨饰物，距今约 28000 年，这是中国目前发现最早的人体装饰品。在距今18000 年的北京山顶洞遗址中，考古人员曾发现石珠、海蚶壳、穿孔兽牙、骨管等，这些化石为我们了解原始装饰品提供了更为详细且真实的实物证

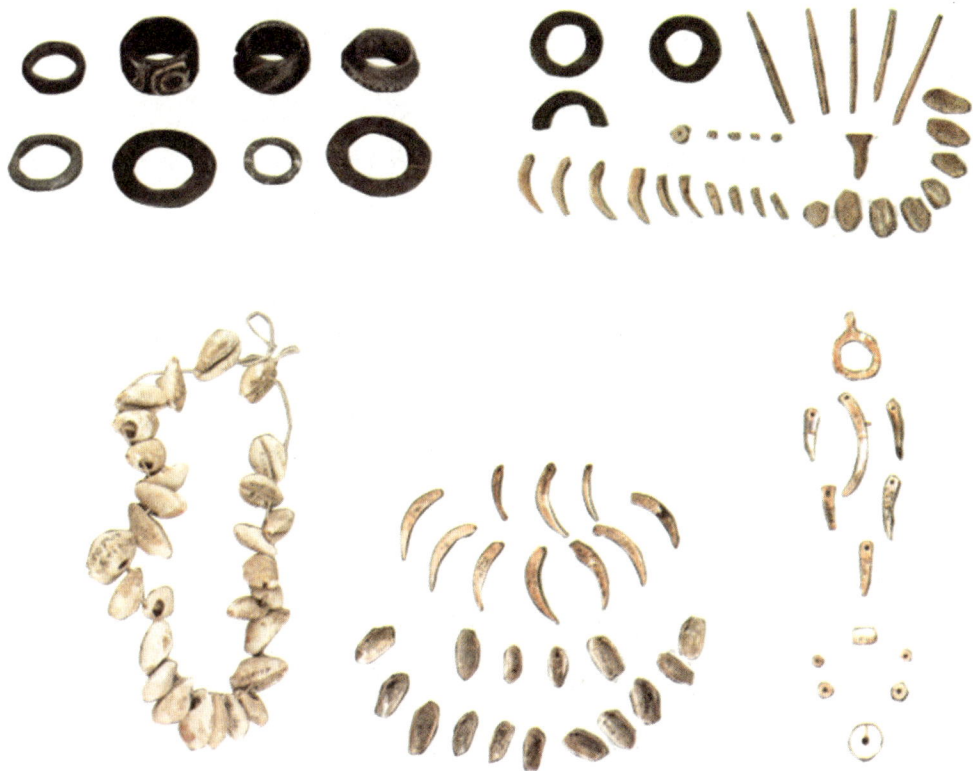

半坡遗址出土的装饰品

史前装饰品（环饰、骨笄、珠饰、牙饰）
半坡遗址出土
现藏于西安半坡博物馆

据。它们制作精良、种类多样，尤其是在牙齿、骨管、砾石等装饰物的钻孔处，都染有红色的赤铁矿粉，使装饰品更加鲜艳美观，显示了山顶洞人有意味的审美形式。到了新石器时代的繁荣时期，人体装饰品在材料、制作工艺、品种类别、造型和悬挂部位等方面均发生了重大变化，这些方面在半坡遗址中出土的装饰品上体现得淋漓尽致。

半坡遗址共出土装饰品1900多件，以形状分，有环饰、璜饰、珠饰、坠饰、方形饰、片状饰、管状饰等，造型各异；以功能分，有发饰、耳饰、颈饰、首饰、腰饰等，可以佩戴在身上各个部位；以材料分，有陶质、石质、玉质、骨质、角质、蚌壳质等，材料广泛多样，制作精美，工艺考究，富有浓郁的艺术气息。

在众多的装饰品中，陶环占比最大，也最具特色。半坡遗址中出土的陶环有1100多个，占全部装饰品总数的60%以上。半坡陶环造型多变，大的可戴在上臂和手腕上，小的可作为耳饰、颈饰或胸饰，或缀在衣服上作为装饰。至于造型，绝大多数陶环的外缘是平光的，也有装饰着螺旋状或纽丝状花纹的，富有旋转律动变化的节奏感；还有的陶环外缘雕刻成阴阳线条，显得凹凸有致，新颖大方；齿轮状陶环造型独特，是陶环中的精品；六边形弦纹陶环更是精致、生动、造型规范，透露出强烈的审美感受，展现了高超的艺术技巧。

在众多装饰品中，有一种与陶环最为类似，它就是璜。大约相当于1/2或1/3的环周，分为石质和陶质，可以佩戴在胸前，作为其他串饰的

纽丝状陶环（半坡遗址出土）

齿轮状陶环（半坡遗址出土）

齿轮状陶环（半坡遗址出土）

主饰。而坠饰可挂在胸前或耳朵上，一般由青白玉石、淡绿色宝石及碧绿色蛇纹岩制作而成。至于发笄，半坡遗址中发现的数量很多，不仅有骨质的，也有石质的、陶制的，均细腻光滑、润泽美观，相当于后世的簪子。从彩陶纹饰上看，那时的人们已有束发习惯，人们不再披头散发，而用发笄盘头，不仅便于劳作，而且起到了极好的装饰作用，并且可以随身携带，作为钻、刺等用途的工具，十分方便。

珠饰以骨珠居多，还有陶珠、石珠，一般几十颗甚至上百颗串联在一起，挂在颈部当项链或围在腰间作腰带。骨珠的表面光滑，制作考究，在没有任何机械化工具的原始社会，锯材、钻孔、切片、磨光等每一道工序都极为不易。半坡遗址中的小女孩墓曾出土63颗石珠，制作精致，分布在小女孩的腰间和手腕部位。而与半坡遗址几乎同时期的临潼姜寨遗址的一座少女墓中，也曾发现珠饰，珠子数量达 8000 多颗，挂在少女的腰间、颈部和胸前。华县元君庙墓地中的两小孩合葬中，头骨和耳边发现 785 颗珠子。可见，6000 多年前，"珠玑盛装"的少女并不鲜见。不仅如此，半坡人还会利用蚌壳制作饰品，遗址中共发现 15 件蚌壳饰品，半坡人就地取材，蚌肉食用后，在蚌壳上钻孔，用麻绳串联。半坡蚌壳饰品形状规则，光滑洁白，薄厚均匀，是装饰品中独具特色的一类。

半坡装饰品中，值得一提的是兽牙。仔细观察，我们不难发现，几乎

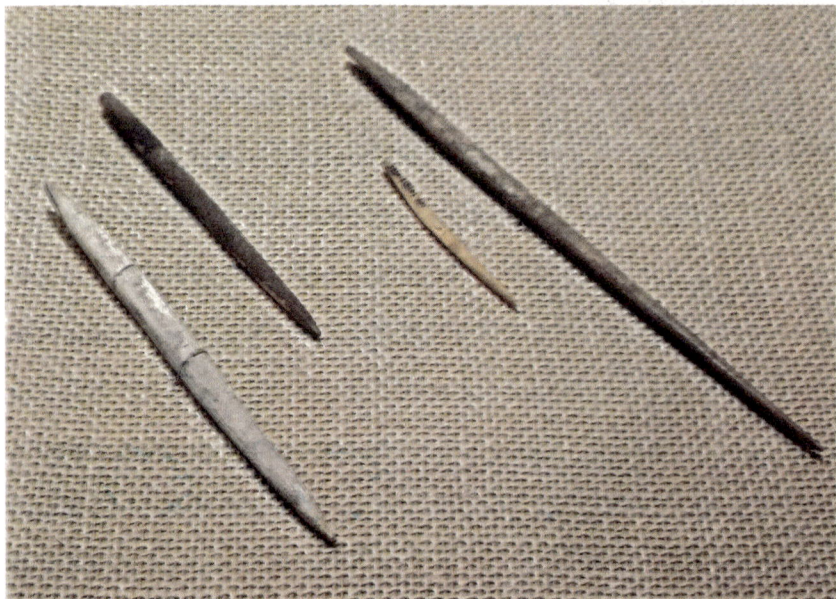

骨笄（半坡遗址出土）

骨珠（半坡遗址出土）

全为野兽的犬齿，为什么人们独爱犬齿？这是因为犬齿不仅外表光滑结实，造型独特，更主要在于犬齿是野兽牙齿中最尖利的一种。最初，原始先民把犬齿戴在身上，是为了从中借助勇敢和凶悍的力量，去战胜猛兽，那时的犬齿"灵性"多于"装饰性"。随着猎兽的屡屡成功，犬齿不断积累，这种"灵物"逐渐成为勇敢者的专用品和标志物，戴上它透露出一种英雄本色。正如我国古人类学家贾兰坡曾分析道："兽牙饰品很可能是当时被公认为英雄的那些人的猎获物。每得到一个这样的猎获物，即拔下一颗牙齿，穿上孔，佩戴在身上做标志。抑或是作为力量的炫耀或纪念，这些穿孔的牙齿全是犬齿。犬齿在全部牙齿中是最少也是最尖锐有力的。最尖锐的牙齿更能表现其英雄。"于是，人们由衷地喜爱它，因为喜爱，所以这些尖利的犬齿戴在身上不仅不可怕，反而是一种美，这时，灵物才成为饰物。这也是美的事物在起源之初，经历从实用、功利到审美的一般过程。

装饰品的发展与它的功能演化密切相关。

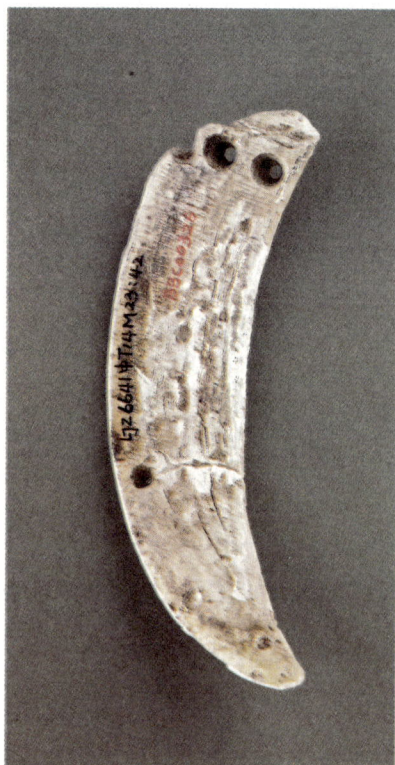

兽牙（半坡遗址出土）

早期的原始人类并没有装饰品的概念，常常把兽皮、犄角、动物骨头等东西佩挂在自己头上、胳膊上、手腕上或脚上，意在把自己装扮成动物从而迷惑对方，同时，这些兽皮、兽牙、兽角可以作为防御和进攻的武器，用来保护自身安全，完全是从实用的角度出发的。比如，原始人类经常需要狩猎，为了避免头发的缠绕和阻挡，他们将头发盘起，用木棍插入加以固定；而挂在脖子上、腰上或手腕上的小砾石、动物骨头以及兽齿等，也许最初的作用是为了计数或记事的需要。后来，随着人类灵魂、精神观念的

牙饰、蚌壳饰（半坡遗址出土）

逐渐觉醒,这些所谓的装饰品被赋予了祈福等寓意的精神色彩,常作为"护身符"来使用,被人类赋予了更多美好的寄托与神秘的色彩。随着人类对自我的认识与追求逐渐激发,装饰品也逐渐变为炫耀、引人注目和吸引异性的工具,它的装饰美化作用愈发显现。

纵观我国史前遗址出土的各类装饰品,我们发现它们经历了从兽骨、兽牙、蚌贝等自然物的简单加工,向陶、石、玉等材质的人工加工转变的过程。从装饰的部位来看,经历了从重视头、颈部装饰到全身装饰的过程。我们以我国黄河中游地区为例,根据考古资料显示,从磁山、裴里岗文化——仰韶文化——龙山文化,装饰品由以骨、蚌、牙为主——陶质为

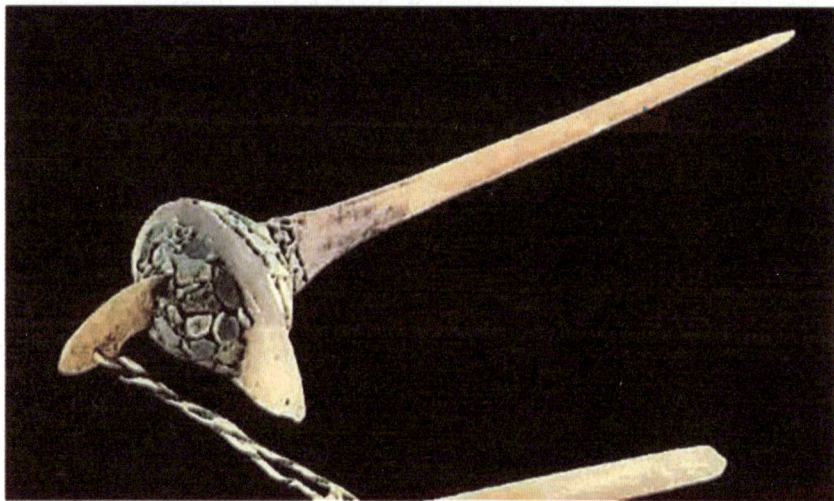

玉骨发笄(陶寺遗址出土)

主——玉、石质增加转变。到了龙山文化时期，如陶寺遗址中出现用绿松石、蚌片镶嵌的头饰、项饰、臂饰等，还出现了具有"礼器"色彩的琮、瑗等玉质器物，其中有一件镶嵌绿松石的玉骨组合发笄制作精美，尤为引人瞩目，可见，人类对于美的追求从始至终不断发展。而处于仰韶文化时期的半坡人，在中国史前装饰品发展历程中，为人类描绘出了独特而绚丽的一笔，在人类美的进程中做出了不可磨灭的贡献。

装饰品是半坡人对于美好事物追求的一个缩影，他们追求美、塑造美，既愉悦了身心，也美化了生活。面对这些 6000 年前的真实物件，我们甚至可以闭目想象，一位珠玑盛装的半坡少女向我们走来，她健美而纯朴，身穿华丽的兽皮服装，头戴骨笄，耳饰玉坠，臂戴陶环，腰系珠链，走起路来叮叮当当，发出银铃般清脆的声响，引领我们去探寻 6000 年前那个神秘的时代。

祭祀遗迹与二层台墓葬

半坡遗址新发现

半坡遗址发现的祭祀遗迹，便应是原始先民祈求农业和其他生产活动的丰收、祈求居室平安、聚落兴旺的直接表达。

现有考古资料表明，早在十几万年前的旧石器时代中期，人类已产生原始的宗教信仰。由于生产力水平低下，人们对自然界出现的一些灾害感到无能为力，从而产生一种畏惧心理，为免除日常生活中的灾害，他们对无所不在的神灵加以崇拜，于是产生了最原始的宗教观念。到了新石器时代，随着农业生产的发生，人类生活趋于安定，农业与定居使人类更多地开始追求精神生活，除对日月、山川、水火、土地等的自然崇拜外，还有生殖崇拜、祖先崇拜、图腾崇拜等。以祭祀为核心的宗教活动往往是聚落宗族事务的一个重要方面。祭祀是原始宗教发展到一定阶段的必然产物，是史前时代人类精神生活的一个重要方面，是人类在物质尚不充足、在大

半坡遗址祭祀区

新石器时代（约6000年前）
石柱：高62厘米以上，上部直径22厘米
红烧土硬面：直径75厘米，厚1厘米
红烧土堆积：直径75～100厘米，厚10～20厘米
1号陶器坑：直径65厘米，深10厘米
2号陶器坑：直径45～50厘米，深10厘米
2002—2005年西安半坡遗址出土

自然面前软弱无力、无法解释诸多自然现象、以求心理安慰的情况下逐步产生的。人类的生产活动，诸如祈求农业、渔猎等丰收，筑城或住房建筑过程中的奠基和对待死者等，都要举行相应的祀神供祖、祈福免灾的祭祀仪式。祭祀活动是沟通人与神的活动，意图在于让神灵接收人类的供奉而向人类赐以福佑。

2002—2005年初，为了改建半坡遗址保护大厅，考古人员在随工清理过程中，发现了一批重要的遗迹和遗物。其中一些遗迹，遗物属首次发现，如祭祀遗迹和二层台墓葬，堪称半坡遗址的重大发现——首次在半坡遗址发现确切属于祭祀范畴的遗迹，首次发现仰韶文化半坡类型的二层台墓葬，这些遗迹遗物因此被称为半坡遗址新发现，它们对于研究和探讨我国新石器时代聚落布局问题及其祭祀活动、墓葬形制，提供了极有价值的资料。

祭祀遗迹包括1根石柱、4处红烧土硬面及红烧土堆积、5组陶器坑。石柱在这次发掘时最先被发现。直立于地面之上，横截面呈椭圆形，

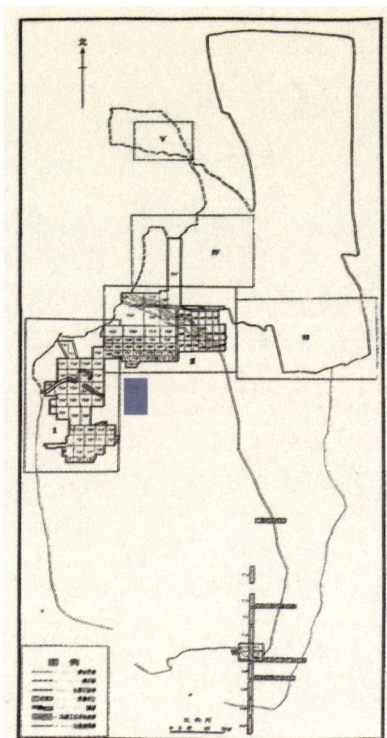

半坡遗址平面图，蓝框区域为祭祀区

顶部是斜平面，柱身经过人为加工，表面光滑，有明显的肌理纹，暴露于地面以上 62 厘米。

红烧土硬面和红烧土堆积共发现 4 处，均位于石柱附近。

石柱

1号陶器坑

　　陶器坑有 5 组，均位于石柱北侧，每组陶器坑中陶器器型和数量都不相同。其中 1 号陶器坑内有 49 件大小相近的小陶罐，排列有序，材质粗疏，火候不高。2 号陶器坑内堆积有几十件很小的小陶罐，为泥质红陶，小口深腹，这些小陶罐是人工用手捏制而成，略经烧烤，质地很差。3 号陶器坑共 8 件陶器，器形较大，6 件陶罐基本均匀排列成圆形，其中一件陶罐上覆置一件残陶钵，两件陶罐上盖有较大的残陶片，在这 6 件陶器之上，放置一件器形较大的陶罐底部。

　　半坡遗址发现的石柱、红烧土硬面、陶器坑等祭祀遗迹的分布处，位于聚落的中心大广场中。关于广场的用途，学术界认为是一处公共活动场所，一些大型的庆祝活动和宗教活动在这里举行。与半坡遗址大致同时期的姜寨聚落遗址、北首岭遗址都发现有中心广场，广场的周围也发现有许多房屋遗迹，其门向大多数都面向广场。因此中心广场可以看作是半坡类型文化聚落遗址的一个重要特征。半坡遗址的中心大广场，亦应是承担聚

2号陶器坑

3号陶器坑

落大型集体活动的场所，在这里举行虔诚的祭祀活动是自然而然的事情。

　　石柱立于地，上通天，人类对自然现象、灾害、疾病等无法解释的情况下，便通过石柱祭天来寻求精神安慰。江苏铜山丘湾商代人畜共存祭祀遗迹的中心，是矗立于地上的 4 块天然大石，周围有人骨架、人头骨及狗骨架 34 具，分布情况显示其多为被杀后就地掩埋，头向均对着中心大石，有学者认为人，狗被杀是以中心大石为神祇进行祭祀，中心大石当是社神。陕西岐山的凤雏村 3 号建筑基址，是周原迄今发现规模最大的西周建筑基址，庭院中发现一大型长方体立石，残高 1.89 米，学者认为这可能是西周礼制建筑中的社宫。在近现代一些少数民族中如黔东南苗族、海南黎族等仍流行以石作社神来祭祀的传统。由此说明，以大石为社神这种宗教习俗是由来已久的。半坡遗址发现的石柱，虽不能肯定其是否是社神的代表，但应当是半坡人祭祀自然神所用通神的载体。

俯视图

（下侧）侧视图

火是自然崇拜中最普遍的对象之一，古人将之看作神圣的东西，作为经常进行崇拜的对象。《尔雅·释天》曰："祭天曰燔柴，祭地曰瘗埋。"在我国史前遗址中发现大量的用火遗迹，多与此有关。如辽宁喀左东山嘴遗址是一处大型宗教祭祀性场所，其内发现有大片红烧土面，表明火祭是当时重要的祭祀方式之一，红烧土面积之大，则表明曾多次举行过燔柴祭天仪式。江浙赵陵山遗址大型人工土台上发现数十平方米的红烧土层、良渚遗址瑶山祭坛的红烧土状中心祭坛、上海福泉山一大型人工土台的台面经过大火红烧等情况，亦均显然是燔燎柴祭天的遗迹。半坡遗址发现的4处红烧土硬面及红烧土堆积可能也是这一种祭祀仪式。

1、2号陶器坑内的器物，不仅器型很小，而且火候低、陶质差，均非实用品，应该是为宗教活动专门制作的特殊器物。半坡遗址20世纪50年代的发掘，曾在石柱西面不远处，发现了埋藏在地下的两个盛有粟米的小罐，同时，在第2号窖穴的小坑中亦发现有两个带盖的小陶罐。这几个陶罐所在的地点都很靠近，说明这里可能是举行祭祀的地方，他们把粟米埋在地下，奉献粟米之神以求更多的收获。在生活资料匮乏的情况下，人类有此类行为是很正常的事情，通过在地下埋藏一组组陶器，祈求农业、渔猎等丰收，以满足人们日常生活的需要。

宗教是人类社会发展到一定阶段的社会存在的反映，史前时期人类在生产力水平低下的情况下，看到周围的一切事物都有神秘性，任何自然现象、动植物都可能直接影响他们的生活，所以宗教意识在他们的思维中就占据了固定且重要的位置，在任何无法解释的情况下或者遇到聚落重大事件时，就要进行祭祀，在祭祀之时带着祭品，目的是祈求神灵的保佑。

作为史前时代的祭祀，无论向自然神，还是其他一切神灵，都具有原始宗教的性质，反映了人与神灵之间的关系。这些祭祀中的仪式与礼俗，同时也说明了当时社会关系中的某种状况。半坡遗址发现的祭祀遗迹，便应是原始先民祈求农业和其他生产活动的丰收、祈求居室平安、聚落兴旺的直接表达。

在石柱南侧，还发现了四座墓葬，其中三座为长方形土坑墓穴的成人一次葬，一座为圆形土坑墓穴的小孩二次葬，均有二层台和随葬陶器。

半坡遗址的居住区中心位置分布着以正规方式埋葬，有随葬品，并有二层台的墓葬，在史前聚落中是极罕见的。按照当时的埋葬习俗，成人墓葬一般要埋入聚落外的公共墓葬区，而其出现在居住区中心位置本身就有特殊的含义。二层台墓葬在这一时期非常少见，它的出现首先表明该墓规格较高，墓主人身份特殊；其次也可能有其他特别意义。尤其埋葬小孩的圆形竖穴土坑墓，三个小孩均为二次葬，相比其他墓葬而言还有较丰富的随葬品，出现在居住区中心更耐人寻味。与其相聚不远的北侧居住区内，曾发现一座小女孩墓，墓主仅三四岁，但以成人的葬俗理葬，墓葬也较为考究，随葬品丰富。小女孩入葬时佩戴石耳坠，腰围石串珠，骨架的股骨上部呈淡红色，可能撒有颜料。该墓随葬有 6 件陶器，其中一件陶罐内盛满谷物颗粒。

在史前时代的诸多遗址中，也常常发现用小孩奠基、祭祀、殉葬的情况，一些面积比较大且比较讲究的房基、居住面及公共广场、城墙下，往往埋置婴儿和儿童，如登封王城岗遗址发现一些夯筑圆形奠基坑，坑内夯层中发现有大量儿童骨架，应是坑上建筑的人牲（杀戮活人为祭品）；郑州西山古城内的房基下有幼童为奠基的牺牲。濮阳西水坡遗址的一处墓葬，墓葬规格甚高，墓主为一壮年男性，在墓室东、西、北三面的小龛中各殉葬一个小孩或青年，该墓最大的发现是在墓主身侧左右各发现一处用蚌壳精心摆塑的龙、虎图案，直指墓主的身份特殊。与仰韶文化时代相当的大汶口文化墓葬中，使用殉人现象比较普遍，尤其用幼儿作为殉人非常突出，人们对死后生活的安排应是其生前生活的缩影。半坡遗址中心大广场上发现的墓葬，无论是成人墓葬还是小孩墓葬，其出现本身就具有特殊性，其墓主人的身份一定有别于埋在氏族公共墓葬区的人们，墓葬规格特殊的小孩二次葬与聚落中心大广场及祭祀区，应有着较为密切的关系。

无论如何，半坡遗址发现的祭祀遗迹，祭祀特征明显，与我国同时期或不同时期其他祭祀遗迹均不相同；与祭祀遗迹同时发现的成人二层台墓葬及儿童二层台墓葬也是仰韶文化半坡类型的首次发现。这些新的考古发现对于全面了解半坡先民的精神文化、原始宗教信仰提供了第一手资料。

石器制造新工艺

从打制到磨制

通过磨制方法制作的工具，对当时田园牧歌的生活方式产生重大影响，也使史前时代人类工具的进步处在变革的前夜。

半坡遗址出土的石质工具数以千计，它们是仰韶时代的半坡人同自然界斗争的过程中，以自己的智慧创造出的适应社会生产力发展的有力器具。石质工具和用具的制造，代表着当时手工业技术的发展水平，石器的制造方法是半坡人主要的手工业技术，能够准确地体现出当时工艺发达的程度和生产力发展的阶段。

半坡遗址既出土有打制而成的石器，也有磨制的石器，诸如石斧、石锛、石铲、石镰、石刀，均是在当时农业定居的生产活动背景之下，半坡人创造出来的利于生产的工具。石器制作工艺在这些工具中的表现，展示了半坡人精湛的手工业技术。从半坡遗址出土的石器显示着比较进步的磨

打制石斧、磨制石锛

新石器时代（约6000年前）
打制石斧：长21厘米，宽18厘米（左）
磨制石锛：长6厘米，宽3.5厘米（右）
1953—1957年西安半坡遗址出土
现藏于西安半坡博物馆

制技术，同时也保留着较原始的打制方法。磨制技术是半坡人工具制造技术的一次飞跃，对社会生产的进步起到了极大的促进作用。

　　制作一件称手的石器工具，石材选择是最先的一环。选形一般以工具的适手情况按形状、大小、长短、厚薄去选择砾石，如石斧选用厚度合适的砾石制作，部分利用原砾石面，其余略加打制；石铲多选用条状砾石，宽的只打两侧；石网坠选用大小相近、表面光滑的椭圆形扁砾石，两侧打出缺口；敲砸器多选扁圆砾石，只加工一面或两面。打制石器的方法，是继承了旧石器时代以来人们制造石器工具所使用的方法。由于仰韶时代普遍使用较为进步的琢磨方法制造工具，打制技术就成了辅助的方法。

　　磨制的方法，在半坡人的石器制造技术中占主导地位，多用于细致而坚硬的石料上。在生产生活中起主要作用的斧、锛、铲、锄、凿、纺轮等石质工具，大部分是用磨制方法制成的。磨制方法有通体磨光和部分磨光两种，根据器物的形制功用和质料的不同而使用不同方法。小型的器物，如锛、凿、锥、笄及少量的斧和装饰品，均是通体磨光，形制非常规则；粗大的工具如斧、锄之类，往往仅磨制使用的刃部或其体的某一部分如柄部。磨制技术不是单独孤立的一种加工技术，而是与打制、琢制等方法相辅相成的，是制石技术的最后一道工序。磨制石器是制石工艺技术的最高表现，兼有了制石手工业的各种主要方法——磨制石器须先制作器物雏形，再经打制或琢制，最后再磨光。磨制工艺即可增强工具刃部的锋利程度，又可使工具光滑，减少阻力，使工具更加规整，有利于器型的固定和标准化，从而大大提高生产效率。半坡遗址中发现相当多的砾石块，都有显著的磨痕。

与磨制技术有关的，是锯材和钻孔两种技术，这是人们在磨制技术原理的基础上，为制作不同用途和形状的用具而创造出来的方法。磨制小型的石器，如石锛、凿、刀、纺轮等器物，所用的石料不是从大石块上打下碎片来用，而是用切锯的方法分解下来的扁薄而窄的石条或石片做成的，所以切锯石料是磨制小型石器的一个重要工艺过程。根据半坡遗址发现的器物上所保留的痕迹和半成品的种种迹象观察，参照民族学方面的材料分析，半坡人是先用原材料切成片，再按工具的形状锯成条，切锯的方法有两种：一种是用木片或骨板夹砂灌水切磨，这种方法用以切锯硬而细的石料；另一种方法是用薄的砂石夹砂灌水，利用砂粒的滚动摩擦而把石料切开。一般都是采用从原石的两面切锯，锯到中间剩下的较薄部分，再将其打断。

穿孔技术也是与磨制技术有关的一个重要工艺技术。穿孔多施于扁平的器物上，如扁平石斧、刀、铲、纺轮和一些装饰品。半坡人穿孔的方法有四种，第一种是锥琢穿孔法，是用琢具一直将器物上的孔琢通，这样琢成的孔，形大而不规则，并留有琢痕；第二种是锥钻穿孔法，用坚硬的石锥钻通，多是由两面钻孔，是用锥钻前，往往要在钻孔的地方预先琢出一个小凹窝，再用锥钻钻通；第三种是管筒穿孔法，是用竹管或骨管等，加细砂调水，旋转穿磨将石料穿通，这种方法做成的孔比较规则，有一面穿

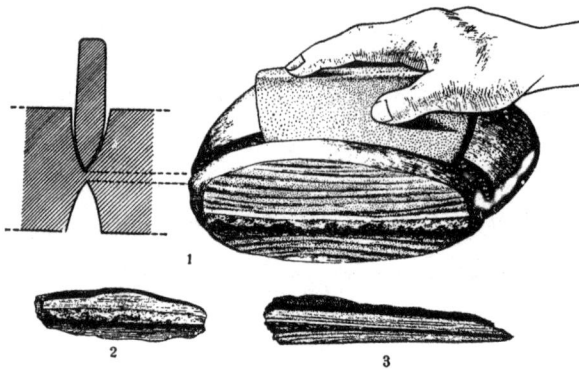

石材的切锯法

1.切锯石材的方法；2-3.半坡遗址出土的切锯石材的残片。

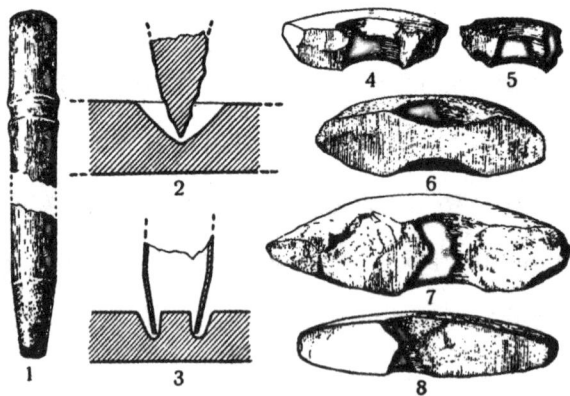

石材的穿孔法

1.筒管状的穿孔器；2.锥琢穿孔法；3.管筒穿孔法；4-8.不同的穿孔法所留下的痕迹。

孔的，也有两面穿孔的；第四种是管琢并施法，即两面穿通，其一面为琢穿的方法，一面为管穿的方法，这种方法在半坡遗址中仅见一例。

半坡人利用丰富的岩石矿物学知识，选取坚硬的砾石制作成用以生产生活的工具。这些石质工具的制作方法多样，工序繁多，技术复杂，制作完成的工具适手耐用，大大提高了劳动效率。石器的磨制技术，无疑是当时生产力发展的重要标志。同时，磨制技术又不仅仅存在于石器工具的制作中，在骨、角类工具如骨针、骨鱼钩、骨铲、骨镞、角锥等的制作中，也普遍使用磨制的方法，半坡遗址出土大量的骨针绝大多数还使用钻孔的方法。通过磨制方法制作的工具，大大增加了半坡人所使用工具的类别，原料易于获得，同时又能磨制精细，使得半坡人在劳动生产中，提高了劳动效率，增加了劳动产量，对当时田园牧歌的生活方式产生重大影响，也使史前时代人类工具的进步处在变革的前夜。

原始农业

田园牧歌新生活

原始农业的发展，首先使人类摆脱了采集和狩猎经济中所受的自然条件的限制，为人类提供了稳定而丰富的衣食之源，开启了远古人类长期的定居生活。

我国古代农业的形成过程经历了数千年之久。在距今 10000 年前后的新石器时代初期，我国的北方和南方古代先民相继开始耕种一些特定植物——北方种粟和黍两种小米、南方种水稻。耕作行为的出现，标志着人类社会发展史中的农业经济社会即将到来。在距今 8000 年前后的新石器时代中期，许多遗址都发现了具有真正意义上早期农业生产的考古证据：成规模的定居村落，具备雏形的农业生产工具，已显现驯化特征的家养动物，形态特征基本属于栽培作物的农作物遗存等。由于石器加工技术的进步、劳动工具的种类增多，木石复合工具的出现，以及人们对于种植物生长规律的掌握，使得农业在人类生产活动中逐渐占据主要地位。西安半坡

石锛

石刀

骨铲

石锄

石镰

石磨盘、石磨棒

石锛、石刀、骨铲、石锄、石镰、石磨盘、石磨棒

新石器时代（约6000年前）

石锛：长7.5厘米，宽4厘米

石刀：长10.5厘米，宽4.5厘米

骨铲：长10.5厘米，宽2.1厘米

石锄：长16.1厘米，宽2.5厘米

石镰：长8.1厘米，宽2.4厘米（渭南白庙遗址出土）

石磨盘：长45厘米，宽43厘米

石磨棒：长10.5厘米，宽8厘米

1953—1957年西安半坡遗址出土

现藏于西安半坡博物馆

遗址的考古发现就能够证明，这一时期的人们主要的生产活动就是以农业生产为主，以采集、狩猎、捕鱼为辅。

农业生产在半坡人经济活动中占有重要的地位，定居生活以及聚落所处的自然环境为农业的发展提供了有利的条件，同时，由于有了农业发展，也更加强了定居生活的意义。半坡人将居址营建在渭河支流浐河东岸的二级阶地上，西面临水，东靠白鹿原，河谷宽广、田畴纵横、阡陌相连，优越的自然环境为农业耕作提供了极其便利的条件。由于当时的生产力发展还处在较低的水平，半坡人的农业生产，也处在低下的原始农业阶段，这与他们使用的简单生产工具所反映的生产力水平是相适应的。

在半坡遗址的考古发掘中发现了 5275 件各类生产工具，其中农业生产工具就有 735 件。这些农业生产工具，既有开垦耕地和砍劈用的斧、锛、铲、锄、砍伐器，也有收割谷类用的刀，还有加工粮食的研磨器、杵和穿凿木料用的凿。这些工具多以石头磨制而成，也有用陶、骨、角、蚌制作的，质地类别较多，是半坡人在同自然界斗争的过程中，利用身边可见到的原料以自己的智慧创作、加工而成的结果，同时也是半坡人高超的工具制作技术的直接体现。从这些农业生产工具的数量之多、类型复杂及大多数工具为磨制石器的情况判断，半坡人的原始农业已达到高度发展的水平，处于锄耕农业阶段，也反映出半坡人已过上了以农耕为主的田园牧歌式生活。

半坡人的农业生产中，石斧是半坡人长期定居生活中最常用并起很大作用的工具。半坡遗址发现的 735 件农业生产工具中，石斧达到了 313 件，不仅可以砍伐树木，开辟耕地，还可以建造房屋等。半坡遗址发现的石斧主要是磨光石斧，有中型也有大型的。石斧的形状也不一，有长方形的，长条形扁平状的，还有椭圆形厚刃和长方形窄刃的。石斧的斧头安缚在带把的曲木上或垂直地安在木柄的一端，或者将木柄挖空，将斧插在里面。为了安装牢固，有的斧头的柄部还钻有小圆孔，便于穿绳扎缚。

石锛也是主要的生产工具之一。半坡遗址出土的石锛有71件，以通体磨光的为最多，打制的仅极少数，石锛多为长方形，体型都不大，器身扁薄，单面磨出刃部，有圆背形、弯背形及长条形等，使用时将石锛绑在木柄下端，石锛与木柄呈垂直状，向下向内用力砍，作为伐木，加工木材及挖土、松土的农具。

石铲、骨铲可能是松土或翻土用的工具，较石斧扁而薄，石铲体型短宽，骨铲窄长，刃部锋利，一般的铲头有长方形和椭圆形两种样式，长约15厘米。安装和使用的方法与现在的农业工具铁头锹一样，将铲头向前，铲尾一端绑缚在木柄的一端，使木柄和铲呈一条直线，使用时向下用力插入土中，将土翻起。

石锄也是用以挖掘的工具，体长而尖细，有长条状的，也有扁平状的，一般长15～20厘米，安装的形式和用法与十字镐类似，即选取曲尺形的手柄，柄较长而前端曲短，在前部将石锄头向下安装，石锄与木柄垂直，便于在使用时使力。

收割谷穗用的石刀、陶刀发现数量较多，达到217件之多，有三种不

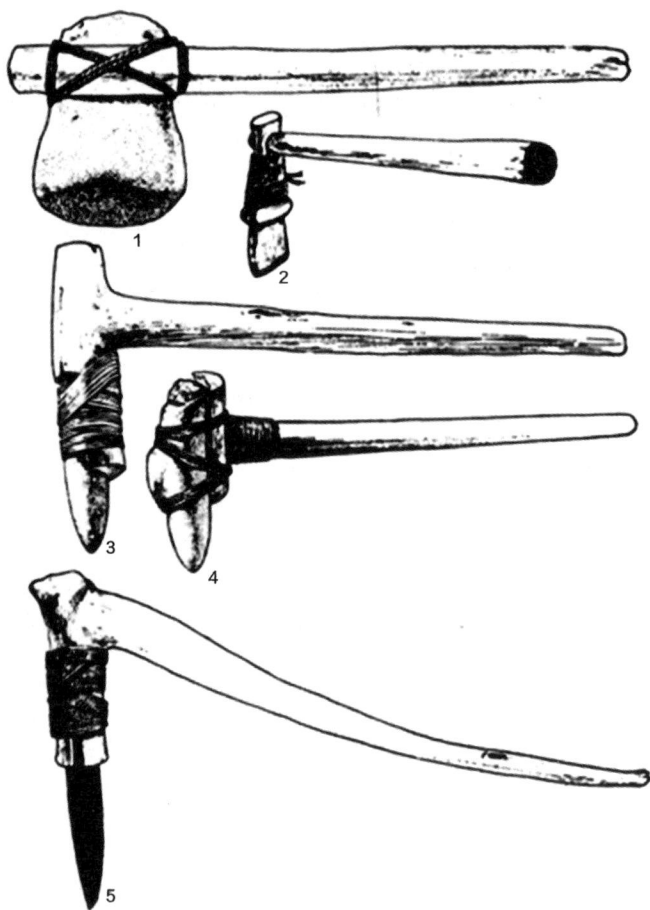

石制工具装置复原图

1.斧 2.锛 3.锄 4.锛 5.锄

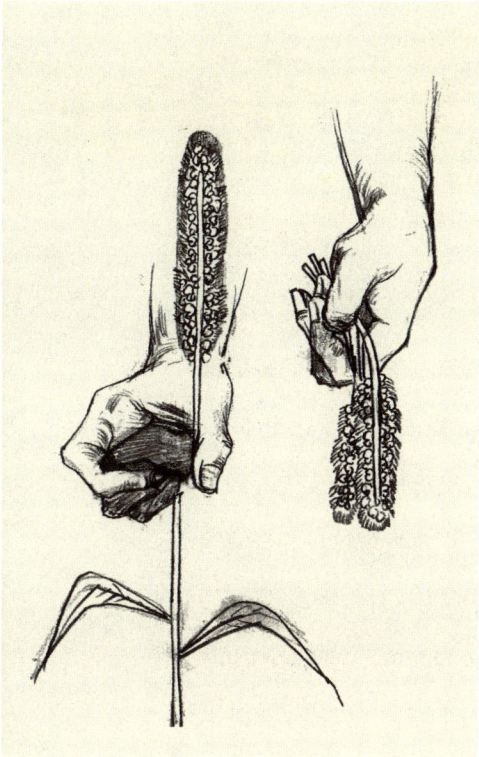

石刀的使用方法复原

同的样式。一种是打制的长方形两端有缺口的陶刀和石刀；一种是磨制精致的长方形刀子，有的中腰穿孔，大小恰好适合在手中握持使用，其用法是在刀背部缠绕绳索，套在手指上，以割取谷穗；第三种是有翘角式的梯形刀子，这种刀子平刃，两端向出倾斜、向外翘起如两翼，背脊中部下凹，也是用手握持使用。这几种石刀、陶刀主要是割取禾穗使用的工具，是种粟文化的典型特征之一。

到了半坡晚期，人们还发明了安柄的石镰。在种植的粟苗出苗后，要进行简单的田间管理，用锄刨的方式清除夹杂在粟苗中间的野草；在收割植物时，用石锄只收穗，不收秸，提高了收割效率。这一工具的发明与半坡人原始的刀耕火种的耕作方法是分不开的，粟的秸秆被丢在田地里，春播时放火焚烧，以补充地力。石锄头部扁尖或扁圆，锄身略窄，一般安装在鹤嘴木柄上使用，既能除草，又能间苗，还能

半坡遗址石镰复原

收割，使用起来得心应手。

半坡人种植的农作物主要是粟，粟古称"禾""稷""谷"，去壳后叫小米，今俗称谷子。半坡遗址发现有200多个窖穴，主要用来储藏粮食和存放生产工具及生活工具，在其中一个窖穴中，就发现了厚达18厘米的腐朽的粟，此外，在一个小陶罐中还发现了保存完好的种子皮壳。如果没有一定面积的种植和一定数量的收获量，我们是很难发现这样的仓储储藏情况的。当时人们主要种植粟类的原因，可能是因为这种作物比较耐旱，比较适宜于在黄土地带生长，耕作的技术要求也较为简单，与当时的生产力水平相适应，同时它产量稳定、成熟期短、久藏不坏，所以成了当时半坡人广泛种植的主要农作物，最合适于当时的生产条件与生活需要。

在半坡遗址152号墓中还发现了厚葬女孩的随葬品中有粟，可见粟不但是当时的主要农作物，是半坡先民的主要生活来源，而且还存在于人们的思想观念中。在半坡遗址、北首岭遗址和元君庙遗址的半坡文化墓地中，都发现了有粟随葬的现象，反映了半坡文化的先民已普遍将粟看作是死者的必需品，亦说明了粟在当时生活中的重要性。

在粟米谷粒收集回来晒干后，要去壳以便加工食用。半坡人的粮食加工方法可以说已经达到了一定的水平，遗址中发现的石磨盘和石磨棒，就是加工谷物的工具。石磨盘是选取较大的鹅卵石，选择其较平整的一面为加工面，石磨棒则是将石块磨成圆柱体的石棒，使用时将谷物放在石磨盘的加工面上，手执石磨棒对谷物来回进行碾磨，将谷物去皮或碾碎。这是一种对粮食作物粗加工的方法，由于工具的原始性，所以只能将谷物细化为细小的颗粒状，无法研磨成粉状食用。

除了粟类的谷物种植之外，半坡人也已种植蔬菜作物。半坡遗址的一个房屋基址中发现一件小陶罐，罐中盛满了碳化的蔬菜种子，这可能是当时人们将种子储藏起来准备种植的。经过科学鉴定，证明它们是芥菜或白菜一类的种子。蔬菜的种植，可以补充饮食，是很好的副食品，无疑大大丰富了人们的物质生活。

原始农业的发明，在人类社会发展中具有重要意义，影响着社会的各个方面，也为原始的家畜饲养业和原始制陶业打下了基础。原始农业的发展，首先使人类摆脱了采集和狩猎活动中所受的自然条件的限制，为人类提供了稳定而丰富的衣食之源，开启了远古人类长期的定居生活。半坡氏族的原始农业为史前时期经济的繁荣、史前文化的发达奠定了物质基础，使我国成为世界最早农业发达的国家。

弓箭、石飞索

史前狩猎新武器

『弓箭对于蒙昧时代，正如铁剑对于野蛮时代和火器对于文明时代一样，乃是决定性的武器。』新石器时代遗址中普遍发现骨、石箭头，恰恰说明了这一点。

新石器时代伊始，由于石质工具加工技术的进步，磨制石农具的使用促进了农业经济的发展，从而使人类开始开垦土地发展种植业，过上定居的生活。仰韶时代的半坡人，谋取生活资料的方式，就是以农业生产为主，同时也饲养家畜。但由于这一时期的农业和畜牧业还处在原始的初期阶段，所获产量较低，无法满足人们的日常需求，因而从旧石器时代以来人类生活就具备的采集、狩猎、捕鱼等生产方式，在整个半坡人经济生活中还是占有重要的地位。

狩猎这种人类获取食物最古老的方式，是半坡人仅次于农业的生产活动，在当时的生产条件下，它是比较可靠的生活资料来源之一。它不仅为

骨箭镞

磨制石矛头

石球一

石球二

骨箭镞、磨制石矛头、石球

新石器时代（6000年前）
骨箭镞：长9厘米，宽1.4厘米
石球一：直径5.2厘米
石球二：直径2.8厘米
磨制石矛头：长7.5厘米，宽2.4厘米
1953-1957年西安半坡遗址出土
现藏于西安半坡博物馆

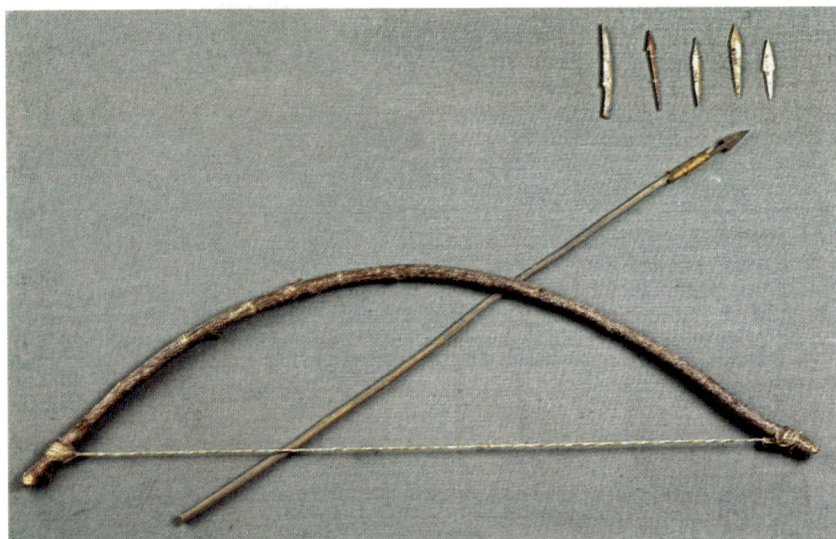

弓箭的使用方法复原

人们提供了肉食，还供给食物以外的其他生活方面所需如皮毛、骨角和油脂之类的用品，丰富了人类的生活内容——肉食使人果腹，皮毛让人保暖，骨角可制成工具、武器，油脂可维持火种不息。在当时半坡聚落居住区的附近，除了河流、草地、沼泽之外，东南方向紧邻的白鹿原还有茂密的森林，其中生长着相当繁多的动物。当时捕猎获得的动物，由兽骨的鉴定来看，主要有斑鹿、水鹿（獐）和竹鼠，其次为貉、獾、狐、狸、兔等类。半坡遗址出土的骨器数量之多，与狩猎有着极为密切的关系，因狩猎所获的动物，人们吃完肉后，将剩下的骨头加工成为生活所用的工具，进一步用于劳动、狩猎。

考古工作者在半坡遗址中发现了 280 多件样式不同的箭头，制作精细，绝大部分以动物骨头磨制而成，石质箭头仅发现 6 件。骨制箭头有十多种不同样式，主要有圆柱尖头形、扁体柳叶形、圆挺三棱形、扁平带翅式等，一般都磨制光滑、修长，有的长度达到了 12 厘米。箭头的尾部一般都呈更细长的倒三角形，长度长于箭头部分或与箭头部分相当，这是由于箭头都要固定于箭杆之上，箭杆以直条树枝居多，在枝头部分切开一夹銎，箭头以尾部向内插进夹銎中，再用绳子加以固定。

弓箭的发明与狩猎经济发展相关，是古人对于以往工具技术的发展，也是原始技术进步的重要标志。弓箭具有射程远、射速快、杀伤力强、命中率高的特点，优于以往所有的投掷工具，射程更是达到 80 ~ 100 米，是猎获善于奔跑的动物如鹿、野羊、野牛等的有力工具。弓箭的使用给史前人类的狩猎经济带来了新的生机，在原始农业产量尚不足以满足人们需求的情况下，辅助性的狩猎经济就显得尤为重要。弓箭也成为人们相互械斗的杀人武器，直到近代火器发明后，仍不失其重要的地位。至今，弓箭仍是非洲的布须曼人、努巴人、班迪人以及大洋洲的巴布亚新几内亚人的重要武器。恩格斯在《家庭、私有制、国家的起源》中精辟地指出："弓箭对于蒙昧时代，正如铁剑对于野蛮时代和火器对于文明时代一样，乃是决定性的武器。"新石器时代遗址中普遍发现骨、石箭头，恰恰说明了这一点。

在史前人类的狩猎活动中，还以石球作为投掷器或使用由两个石球组成的石飞索、发射弹丸的弹弓。石球在旧石器时代早期就已出现，在我国山西芮城匼河遗址、陕西蓝田人遗址等就发现有打制较为粗糙的球形石制品，年代距今达百万年。到旧石器时代中期，石球的制作技术成熟并广泛运用，山西襄汾丁村遗址出土石球百余枚，山西阳高许家窑遗址出土石球更是数以千计，最大的石球重 1.5 千克以上，最小的不足 0.1 千克，年代距今约 10 万年。有趣的是，与石球同时发现的还有大量动物化石，以野马、披毛犀、羚羊居多，可见石球是当时人们猎获动物的重要工具。

半坡遗址发现的石球大而粗糙的，作为一种投掷工具，其最基本的使用方法是用手直接投掷，但聪明的半坡人用它组成石飞索，猎取动物的效率大大提高。据研究，石飞索的有效射程可达 50～60 米之远。半坡人的石飞索与南美洲的印第安人、北美洲的易洛魁人、澳大利亚的土著人所使用的石飞索在用途及技术上都是相似的，我国一些少数民族如纳西族、普米族、藏族、彝族等也使用这样的工具去打猎。

小型的石球或陶球，大概是弹弓的弹丸。弹弓

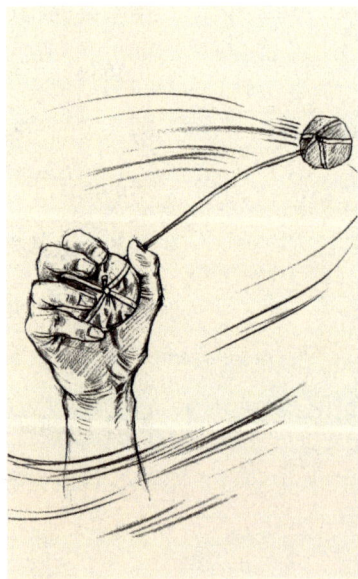

石飞索的使用方法复原

的出现可能与农业的兴起有关，人们用它射杀飞禽和小动物，保护庄稼。《吴越春秋》中，传拟为远古诗歌的《弹歌》中就有"断竹、续竹、飞土、逐肉"的描写，指的就是用竹弓去发射弹丸，猎取飞禽走兽。

半坡遗址还出土了6件石制和角制的矛头，其中一件长方中尖形矛头，系用角闪石片磨制而成，矛头两面磨制细腻，锋刃厚钝，一面中部有段，两侧留有显著的捆系痕迹，可见半坡人也使用长矛一类的武器捕获猎物。矛是从弓箭等一类远射武器演变而来的，在我国大致形成于新石器时代晚期，根据发现的矛头形状，底部较短且无孔，应是插入木柄以后使用，用来远距离投掷命中猎物。

尽管弓箭、石飞索和石矛的运用使人和动物拉开了距离，提高了准确性和杀伤力，但有时仍然需要采取群猎的方式围捕野兽。狩猎时，男子一般结队出行，在有经验的猎手带领下，身背弓箭，手持长矛，腰系石飞索，发现猎物时先用陶哨、骨哨等模仿鸟兽鸣叫，引诱猎物，然后人们从四面呐喊着驱赶野兽，最后围成一个圈，用石块、长矛、弓箭进行射杀。有时也采用火围、陷阱和驱赶入栅栏等方式捕获猎物。猎获的活野兽暂时吃不了，就被圈养起来，以备粮食短缺时食用，从而出现了原始的家畜饲养业。

从半坡遗址出土的石、骨、角等工具武器来看，半坡人掌握着各种狩猎工具，可以设想，他们是有各种捕猎野兽的方法和经验的。这种生产活动需要有较强的体力，可以认为主要是由男子来担任。

半坡人的捕鱼生产

向水而生

半坡先民制作的鱼钩、鱼叉、网坠为我们展示了一幅波澜壮阔的人类进化、社会进步的发展画卷，为我们留下了宝贵的历史文化遗产。

在原始时代，人们为了获取生活资料，并不放弃任何可能采取的手段，来取得任何可以食用的肉食、植物，以确保自身得以生存。捕鱼是猎取自然界现成的水生动物作为食物来源的古老生产活动之一，是一种掠夺性的摄取经济方式。考古资料显示，人类的捕鱼活动大概出现在旧石器时代，在原始社会中捕鱼经济始终具有重要的意义。到了新石器时代，人们的社会经济生活资料主要依靠农业，但纵观各地发现的新石器时代遗址，其选址的最大共性在于均位于河流、湖泊附近台地，便于将捕鱼作为次要的生活资料来源。

半坡遗址出土了渔猎工具达 1211 件，大大超过了农业生产工具的数

骨鱼钩

骨鱼叉

石网坠

骨鱼钩、骨鱼叉、石网坠

新石器时代（约6000年前）
骨鱼钩：长4.9厘米，钩距1.5厘米
骨鱼叉：长15厘米，宽2.3厘米
石网坠：长4.7厘米，宽3.2厘米
1953-1957年西安半坡遗址出土
现藏于西安半坡博物馆

量，可见渔猎生活在半坡人经济生活中所占比重之重要，其中有骨鱼钩、骨鱼叉30余件，石网坠200多个更是说明了当时捕鱼工具的先进和捕鱼业的繁荣。半坡遗址位于浐河下游的二级台地上，当时的气候温暖湿润，水量充足，河畔附近还有许多湖沼分布，给鱼类的繁衍生息提供了得天独厚的条件。半坡遗址出土的彩陶器上，鱼纹出现得最多，显然鱼与人的关系最为密切，鱼是最受半坡人欢迎的食物之一。由于人们长期居住在河流附近，日日在河中取水，经过长期的观察，已掌握了鱼的生存习性和规律，并且发现鱼类生存不竭，在生产力水平不断发展的条件下，人们不断进行对于捕鱼工具的制作和完善。从遗址中发现的鱼钩、鱼叉和网坠来考察，半坡人至少用钓鱼、叉鱼、网鱼三种方法来捕鱼。

新石器时代磨制技术在生产和生活领域得到了广泛应用，尤其是生产工具的制作，提高了人类的生产生活能力。在此之前，远在170万年至20万年前的旧石器时代，元谋人、蓝田人、北京人以粗制的木棒从事渔猎，在河滩拾取贝类，在河里徒手抓鱼，接着用石器和木棒砍鱼；山顶洞人则已利用木棒绑上石矛来捕鱼。新石器时代，捕鱼比旧石器时代有了长足的进步。古代传说包牺氏"结绳而为网罟，以佃为渔"，反映了新石器时代晚期捕鱼的普遍情形。

半坡遗址发现的鱼钩和鱼叉都是用动物骨骼磨制的，制作时先将骨材劈成或锯成所需的骨条或骨片，也可直接利用骨骼弯曲的自然形状，然后加以刮削，做成器物雏形，最后进行加工磨光，制成鱼钩和鱼叉的成品。

半坡人钓鱼所使用的骨鱼钩在众多渔猎工具中最为精致特别。这些鱼钩大多磨制精细，带有倒钩的钩尖与钩身平行，钩身顶端均加工出凹槽，以便于捆绑鱼绳。钩身是用一块骨头加工磨制而成，有的作扁条形，有的作圆条形，鱼钩长 2.5 ~ 4.5 厘米不等。钩尖锋利，制作也比较精细，有的钩尖向内侧弯曲使上钩的鱼不易脱钩。钩尖处均制出倒钩，多数倒钩在内侧，也有在外侧的，外倒钩一般在鱼钩前钩弯处的外侧。这种鱼钩一般被鱼吞入后很难吐出来，在鱼钩制作技术上是一个创新，同时也大大提高了钓鱼的成功率。鱼钩虽然是用骨头脚料磨制而成，但大小、形状与今天的鱼钩几乎完全相同，甚至其精巧细致、美观实用的程度，都可以和现代的钢制鱼钩相媲美。

　　叉鱼所用的鱼叉也是用骨角类材料磨制而成的。将动物的长骨一端磨成锋利的尖，叉身磨出许多粗短的刺，且将刺磨成倒刺，这样在叉鱼时就能使鱼被牢牢勾住，不易挣脱。半坡遗址出土的骨鱼叉分为两种样式，一种为"单钩式"，一种为"双钩式"。"单钩式"是叉身呈圆条形，叉头短而扁尖，柄部圆尖，长约 8 厘米，倒钩大都在叉身一侧的中部，有内向和外向两类。这种单钩式鱼叉的柄部都固定在叉竿的一端，所以也称连柄鱼叉。"双钩式"叉身呈圆条形，倒钩在叉身两侧，较锐利，叉较尖而长。上边有圆突的单托，柄部圆尖，有双排倒钩。这些双钩式鱼叉的柄部并不固定在叉竿上，也称脱柄鱼叉。叉鱼的方法有两种，一种是投刺法，将鱼叉固定在叉竿顶端，手握叉竿投掷叉鱼；另一种是脱叉法，将绳子的一端系在叉竿上，另一端系在鱼叉柄端的圆形结疤上，鱼叉固定在叉竿顶端，叉上鱼后，鱼叉和叉竿分离，鱼叉上的绳子随鱼游动，这样就可以追踪鱼的行踪从而捕获较大的鱼类，我国的鄂伦春族和鄂温克族人就是用这种方法叉鱼。

石网坠是半坡人结网捕鱼的重要工具。虽然半坡遗址没有发现渔网的实物，但在一座儿童瓮棺葬中发现的陶盆上，发现了渔网图案，这张渔网呈方形，由经纬相叠的绳子结成，在渔网的四角，各有一块较大的网坠；与半坡遗址同时的宝鸡北首岭遗址，发现了一件网纹船形壶，是北首岭先民轻摇小舟进行捕鱼生活的真实写照。石网坠是编结渔网时必须使用的器物，由小而扁平的圆形或椭圆形鹅卵石制作而成，在鹅卵石的腰部两侧打制出缺口，便于用绳子绑在网的四角及底部，使渔网增加自重，在撒网捕鱼时能够迅速下沉到水底，从而将鱼、虾、蚌、蛤、螺蛳等网罗起来，一起捞出水面。

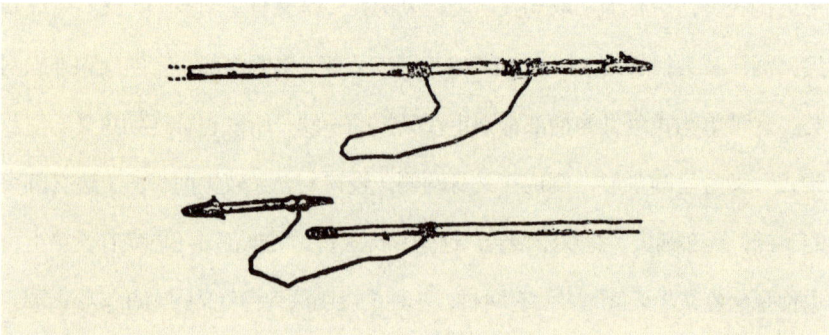

鱼叉的使用方法复原

宝鸡北首岭遗址出土的网纹船形壶

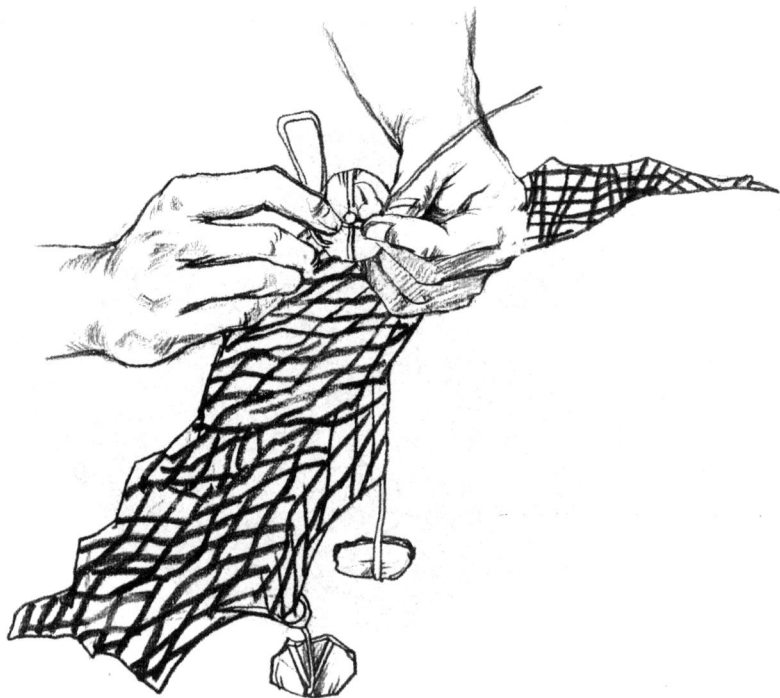

石网坠的使用方法复原

半坡遗址发现的骨鱼钩、骨鱼叉、石网坠，其制作与使用对半坡人而言具有极为重要的意义。更为先进的捕鱼工具，使人们获得大量的食物来源，丰富的水产资源提高了人们的生活水平。同时，在长期与鱼类为伴的生活中，人们逐渐加深了对鱼的认识，与鱼产生了千丝万缕的联系，鱼纹越来越多地成为半坡人日常生活所用陶器上的主要图案之一，亦成为儿童夭折后安放尸体所用葬具上的主要象征——人们看到水中的鱼繁殖能力极强，又是多子多产，捕而不竭，食而不尽，因此是多子多福的象征，以鱼纹表达人们对于氏族聚落发展繁衍下去的期望。

　　由捕鱼进而产生的崇拜鱼，既是半坡先民劳动生活的真实内容，也充分体现了他们的精神世界，不仅将鱼作为食物的主要来源之一，还把对鱼的喜爱与崇敬表现在艺术作品中。此外，半坡遗址的发掘者认为，"半坡氏族的图腾，可能是鱼"。半坡先民制作的鱼钩、鱼叉、网坠为我们展示了一幅波澜壮阔的人类进化、社会进步的发展画卷，为我们留下了宝贵的历史文化遗产。

环壕
聚落安全的保障

为了保护人们的生命、财产不受敌对聚落的侵害，同时也为了抵御猛兽的侵袭，各聚落都采取了一定的防御措施。在半坡遗址发现的环壕正是史前聚落的一种防御设施。

　　到了新石器时代仰韶时期，人类社会进入繁荣的母系氏族阶段，人口达到了一定的数量，生产力达到了较高的水平，农业生产成为生活资料的重要来源，工具、用具（甚至专门的武器）的数量和种类日益增多，社会分工逐渐明确，并已有了一定的财富积累。同时，由于人口增多，每一个群体（如氏族）的活动范围渐觉狭小，"领地"的概念开始形成。这时的人们既要争取足够的财富和活动范围，又要避免被他人夺去财富和活动范围，于是不同聚落之间就出现了财产掠夺、血亲复仇这样的事情，程度越来越激烈、次数越来越频繁。为了保护人们的生命财产不受敌对聚落的侵害，同时也为了抵御猛兽的侵袭，各聚落都采取了一定的防御措施。建造

半坡聚落外壕局部断面

新石器时代（约6000年前）
口宽6~8米，底1~3米，深5~6米
1953-1957年西安半坡遗址发现
现展示于西安半坡博物馆半坡遗址保护大厅

相应的防御设施就是当时采取的措施之一。

在半坡遗址发现的环壕也叫围沟，顾名思义，是环绕在聚落周围的人工壕沟，正是史前聚落的一种防御设施，在不少史前遗址都曾发现过。

史前防御设施先后存在过三种形式，它们同时代表了防御设施发展所经历的三个阶段，即砦栅阶段、环壕阶段和城堡阶段。根据在中国史前防御设施发展史上所处的地位，这三个阶段又分别可称为史前防御设施的形成阶段、发展阶段和成熟阶段。这三种形式的防御设施，分别是对具有隔离、阻挡作用的自然物的模拟，其中砦栅采用的是削尖的树枝、栅栏等，是对荆棘、灌木、丛林的模拟；环壕是对平原地区多见的河流和冲沟的模拟；城墙则是对山岭的模拟，正如《资治通鉴》中提到的"山川即城隍"一样，不过因为语境不同，所表达的因果是相反的，在这里可以说是"城隍即山川"。由于使用的是荆棘、木材这样易腐朽的材料，因此砦栅这样的防御设施，今天已经很难发现明显的遗迹。但是，环壕和城墙则屡有发现。

在居住区的周围挖掘一道壕沟，将内外隔绝开来，是半坡时代一些聚落选择的防御方法。考古学家在甘肃秦安大地湾、陕西西安半坡、鱼化寨、临潼姜寨、宝鸡北首岭、山西夏县西阴村以及内蒙古赤峰敖汉旗兴隆洼、西台等一些同时代的遗址都发现了环壕。

不过，与许多遗址只有一层环壕不同，半坡聚落的环壕有两层，分别是内壕和外壕。内壕时间早、规模小，外壕时间晚、规模大，两者先后围护着不同时期的半坡聚落的居民（当然也有人认为这两层环壕同时存在，

半坡聚落内壕局部

半坡聚落是一个双环壕的聚落）。

内壕大致为直径约 60 米的不规则圆形，环绕当时的居住区。目前已经发掘能够看到的内壕分为两段，西边一段呈西南—东北向延伸，东边一段为西北—东南走向。两段壕沟的最北端相隔约 3.2 米，并不连通，形成一个向外凸出、形似弯钩的结构，这是聚落居民出入的通道。这样的通道应该不止一条。在这个结构中，嵌着一座平面呈不规则的长方形，明显不同于其他房屋的建筑，因此，我们推测它可能是内壕的配套设施，即门卫房。

这样的环壕，因规模（深度、宽度）较小，并不足以提供完全的保护，因此，它所起的作用可能主要是作为界限，提醒人们不要跨越；也可能当时还有别的防御设施如砦栅，或者酸枣树之类带刺植物等与它配套。

同内壕相比，外壕的规模大多了。这应当和两者的性质有所不同有关：内壕的作用可能主要是作为界限（或者可能还别的防御设施与它配套），而外壕的作用则切切实实是保护居住区和全体氏族成员的安全。

在《西安半坡》报告中，对外壕的描述很详细，大意是：它平面呈南北长的不规则的圆形，现存长度为300多米。其规模（指宽度和深度）相当大。北部一段上口宽约在6～8米之间，底部宽度由1～3米不等，深5～6米。在中腰以下，坡度较大，断面形如漏斗。靠居住区一边的沟壁坡度较大，并且沟口高度比另一壁高出约1米。曾经有研究人员根据外壕的规模，推算出它的实际出土量约10000立方米。这个数字曾经被用在半坡遗址的陈列中，来向公众展示半坡聚落环壕的规模之大和挖掘工程之不易。

半坡聚落位于一个中间略高、四周稍低的台地上，台地的长度和宽度大约为300米。半坡聚落早期人口较少、面积较小，能够为这个台地所容纳，因此，聚落的环壕是直径约60米的比较规整的圆形。后来随着聚落人口增加、面积增大，台地上无法容纳一个直径或长、宽为300米的形状规则的环壕，人们便把环壕挖掘在台地周围的自然洼沟之中，并把挖出的土堆在了壕沟内侧。这一方面增强了防御效果，另一方面导致外壕的形状不规则。

半坡聚落晚期的实际面积，即外壕围护的面积约35000平方米。经过数千年的岁月，占总面积约五分之二左右的西半部分（包括内、外壕沟）已被破坏，现存的是约五分之三的东半部分。

不管是内壕还是外壕，都必须让人们有出入的通道。那环壕的通道是什么形式的？发掘结果表明，半坡遗址的通道（至少）有两种：一种是直接连接聚落内外的土路，另一种推测是架在环壕上的木桥。巧的是，这两种通道，在并没有完全发掘的内壕和外壕上分别只发现了一种。内壕的通道在两段壕沟所形成一个向外凸出、形似弯钩的位置，而且还有一座门卫房。外壕虽然因为发掘范围较小，没有发现像内壕那样明确的通道，但是却发现了疑似木桥的遗迹，只是没有发现的门卫房。毫无疑问的是，不管是内壕还是外壕，供人们出入的通道是有的，并且应当不止一处；相应的，门卫房也应当不止一座。

需要说明的是，半坡聚落的环壕内侧比外侧高出约1米，这样做的目的自然是增强其防御效果。后来，人们把环壕挖得更深、更宽，把环壕内侧筑得更高，它就逐渐变成城墙和护城河了。

圆形房屋

陋室也堪挡风雨

半坡居民修建的半地穴式房屋虽然简陋，却足以为人们遮风挡雨。而房屋平面近乎圆形，则说明半坡居民已经掌握了准确画出圆形的方法。

半坡遗址共发现房屋遗迹 46 座，其中圆形房屋占大多数。圆形房屋从建筑结构上可以分为半地穴和地面上木架结构两类，以地面式的为多；从建筑材料上讲，则全部是土木建筑。

我们今天把半坡遗址发现的房屋，称为半地穴式方形房屋、地面式圆形房屋等，但是在古代，所有这样的房屋都有一个共同的称呼——营窟。《礼记·礼运》记载："昔者先王未有宫室，冬则居营窟，夏则居橧巢。"孔颖达注疏道："冬则居营窟者，营累其土而为窟，地高则穴于地，地下则窟于地上，谓于地上累土而为窟；夏则居橧巢者，谓橧聚其薪以为巢。"大体意思是，古代的人们，冬天的时候为了暖和，就居住在挖掘于地下的

第 22 号圆形房屋遗迹

新石器时代（约6000年前）
直径4.6米
1953-1957年西安半坡遗址发现
现展示于西安半坡博物馆半坡遗址保护大厅

地穴里，或者建筑于地面之上的简陋房屋里；夏天的时候为了凉爽，就居住在用木头搭建或者铺着茅草的简易（临时）住处。推而广之，也可以理解为：寒冷地区的人们住在相对封闭、温暖的"营窟"里，温暖地区的人们住在相对开放、凉爽的"橧巢"里。从这个角度来看，半坡先民的房屋，不管是半地穴式还是地面式结构的，也不管是圆形还是方形的，都属于相对封闭的温暖的"营窟"系列。与之相比较，像河姆渡遗址出土的"干栏式建筑"，就属于相对开放、凉爽的"橧巢"系列。

营窟系列的居址，其发展过程大约经过了以下几个主要环节：横穴（自然或人工的窑洞）→竖穴（全部在地面以下）→半地穴→原始地面建筑→分间建筑，少数情况还发展出高台建筑。

半坡聚落的房屋在建设之前要进行设计（选择位置、结构和形状），建好后还要进行装修和装饰。房屋设计、修建和修饰的基本步骤大致包括：1. 选址：选择合适的建房位置；2. 筑基：对房屋基坑或地面进行夯实等处理；3. 筑墙：以木柱为筋骨，筑成木骨泥墙；4. 架顶：在基坑或墙壁上架设屋顶；5. 涂饰：为居住面、墙壁和木柱、屋顶涂草泥，堵塞孔隙；6. 烘烤：最后烘烤地面使其干燥、坚硬。其中，前四个步骤相当于建成了毛坯房，后两个步骤相当于装修。装修的目的在于让房屋整洁舒适、防潮去湿、阻风挡雨、隔绝虫蚁、坚固耐用。除此之外，还会通过对木质和泥质构件的处理，进行一定的装饰。

半坡聚落的圆形房屋，门在房屋的南边，朝向村落中心。门口有一道土脊，就像后来的门槛一样，是房屋内、外的界限。房屋中央有一个灶坑，有些灶坑的北端还嵌有一个小陶罐。门口与灶坑之间的门道比居住面略低一点，在它的东西两侧各有一道隔墙，与方形房屋中的门槛相似，可在一定程度上防止雨水进入屋内。两侧的隔墙大体平行，南端与门口的墙壁相连，北端与灶坑前方的两根大柱相连。隔墙做好后，在灶坑的两侧，各形成了一个相对隐蔽的空间。屋顶由直径 10 ～ 15 厘米的木柱支撑。屋内居住面和壁面修整光洁平整，居住面、壁面以及木柱、屋顶都用拌草的泥土涂抹。在泥中拌草，类似于浇筑时在水泥中加钢筋。泥中的草能起到减少泥的开裂、延长泥的寿命的作用。这种方法直到现代仍在使用。在房屋里面，经常发现有当时居民用过的工具、器物或者食余的兽骨、螺壳等。

半坡遗址中，3 号房屋是半地穴式圆形房屋的代表。房屋呈正圆形，坑壁即为墙壁。墙壁全用草泥土涂抹平整光滑。门宽约 1 米。门内两侧各有一道隔墙，隔墙之间的区域南边宽、北边窄，高于居住面约 5 厘米，是室内和室外的过渡区域。房屋中间的灶坑呈葫芦瓢的形状。在灶坑的前后和两侧有直径 20 厘米的 6 根大木柱，埋深 50 ～ 80 厘米。6 根大柱左右两列布局，可能当时柱顶架有横梁，从而形成一个"日"字形结构。屋顶的木椽大约就架在这些横梁上，木椽上铺有 10 ～ 25 厘米厚的草泥土，然后在最高处形成一道南北方向的屋脊。居住面平整光滑，下面铺垫一层手指粗的树枝以加固屋基。居住面和墙壁都用火烘烤过，非常坚硬。

3 号房屋复原后，屋顶大体像扁圆锥形，也就是从南、北两个角度看，

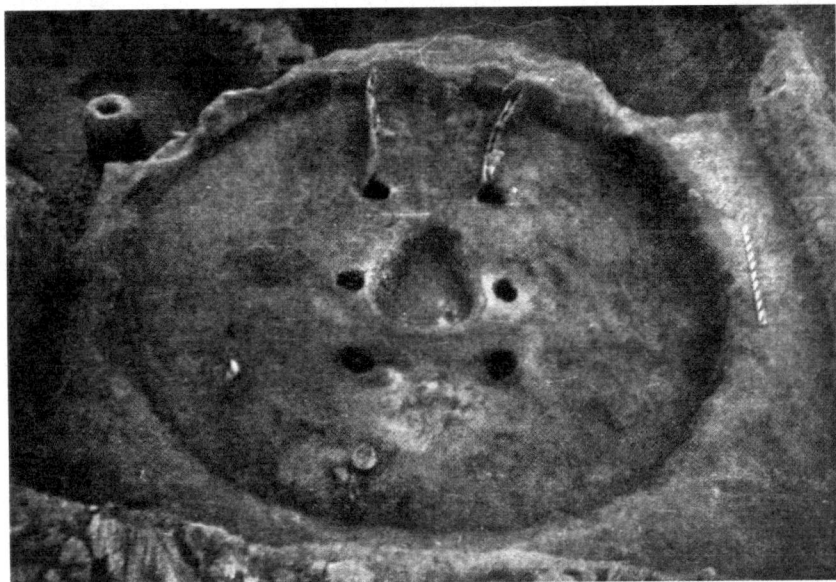

第 3 号圆形房屋遗迹，直径 5 米，基坑深不到 1 米。

呈三角形；而从东、西两个角度看，则呈梯形。屋顶直接与地面相连，或者只有较低的房檐。

22 号房屋是地面上木构圆形房屋的典型代表，保存最完好。屋基作正圆形，直径 4.6 米，门内两道隔墙相距也就是门的宽度约 1 米，隔墙之间的地面相当于房屋的过道，低于居住面约 3 厘米。屋内有 4 个柱洞，灶坑就在 4 个柱洞之间，呈长方形，灶面平滑坚硬。居住面用草泥土做成，周围墙壁全为草泥土做成，墙体中保存有 93 个柱洞。这座房屋可能是被火焚毁的，墙壁部分向外坍塌。在西边曾发现一段长 1.3 米、直径 9 厘米的烧焦了的木柱，它可能是房屋墙壁中的立柱，由此推测这座房屋墙壁的高度，至少和木柱的长度相同，约 1.3 米。

22 号房屋的屋顶架在墙壁上，房檐较高且伸出墙外，复原起来的外形就像现在的圆形谷仓。

第 22 号圆形房屋复原图

　　半坡居民修建的半地穴式房屋虽然简陋，却足以为人们遮风挡雨。而房屋平面近乎圆形，则说明半坡居民已经掌握了准确画出圆形的方法，使用的工具也比较简单，比如两头绑着木棒的绳子，或者唾手可得的树杈。

半地穴式方形房屋

茅茨土阶可栖身

半地穴式房屋是工程量较大而技术难度较小的一种建筑。半坡居民修建不少半地穴式房屋，反映了他们的建筑技术已很成熟。

半地穴式房屋是我国新石器时代常见的房屋类型，在半坡遗址发现较多。地穴式房屋和窖穴很像，总体呈口小底大的圆形袋状，不同之处是房屋里有灶坑。房屋的主要空间都在地下，深可达 2 米以上。口部（顶部）盖有枝条编成的活动盖子，通过梯子上下。

顾名思义，半地穴式房屋就是一半在地面以下，一半在地面以上的房屋，形状上包括方形和圆形两种。半坡遗址的半地穴式房屋，面积一般在 20 平方米左右，最大的达到 160 平方米。每座房屋的细部虽然各有特点，但是基本的特征是相同的。它的基础是一个数十厘米深的方坑，坑壁就是房屋的墙壁，有的还会在坑的周围在筑上一圈木骨泥墙，以加高墙壁。房

第13号房屋遗迹

新石器时代（约6000年前）
长3.8米，宽3.8米，深0.7米
1953-1957年西安半坡遗址发现
现展示于西安半坡博物馆半坡遗址保护大厅

第1号房屋复原图

屋内有 1 ～ 6 根不等的柱子以支撑屋顶。方形房屋通过一条台阶式或斜坡状的门道连通内外。门道外端高、内端低，屋顶以外的部分建有门棚用来遮风避雨。在门道内端附近设有门槛，门槛与屋壁相连，形成一个类似瓮城的小区域，可以防止雨水灌入或者虫蚁爬入屋内；而圆形房屋没有类似的门道和门棚。屋内中心设一个火塘（也叫灶坑），用来取暖、照明、除湿、驱虫，有的火塘旁边还有保存火种的陶罐。门内两侧设低矮的小墙，将房屋分割出相对隔离的空间。从外面观察，不管是方形还是圆形，半地穴式房屋都是房檐较矮，类似于蒙古包；或者只有屋顶，没有房檐（屋顶直接搭在地面上），圆形房屋就像土堆，方形房屋就像金字塔。此外，每座房屋都有用于通风、采光、排烟的"囱"，即窗户。

在半坡遗址考古发掘的 46 座房屋遗址中，编号为 1 号的大房屋，占地约 160 平方米，是所有房屋中最大的，又位于聚落的中心，具有某种特别的意义。

1 号大房屋大体呈东西向长方形，坐北朝南。南北宽 10.8 米，东西残长 10.5 米。中间有 4 根直径 50 厘米的大柱子，柱子上端架有横梁。屋顶就架在横梁和基坑周围以及墙壁中的小柱子之上，上面盖有茅草。房屋门道宽1米、长5～6米，上面有棚子，可以遮风挡雨。

房屋的居住面和墙壁内侧均用草泥土处理过，光滑平整。因用火烘烤过，墙壁表面呈青灰色或白灰色，很坚实。在房屋的居住面下，发现有一个带盖的粗陶罐以及一个人的头骨，应该是建房屋时有意埋下的，可能有奠基的含义。

这座房屋非常高大，是整个聚落的中心，所有的房屋的门都朝向它。它可能是供氏族成员进行公共活动的场所，或者氏族首领的居所。如果把它同后来的建筑物进行联系，大约相当于皇家的宫殿、宗庙，或者富贵人家的上房、祠堂。

前面说到半地穴式房屋复原起来的样子，类似于现在的蒙古包、土堆或者金字塔。那是根据什么这样复原的呢？

对当时房屋的复原，包括地面、墙壁和屋顶三个方面。地面的复原最直观。考古发掘中清理出的方形或圆形浅坑，就是半地穴式房屋的基础；墙壁是根据房屋基础周围和内部的柱洞的大小、密度来复原，也算比较直观；最难的是屋顶的复原。因为今天完全看不到房屋上部的样子了。所幸在半坡遗址中发现了一座被焚毁的房屋——第41号房屋，它为我们提供了复原当时房屋形状的线索。

这座房屋的特别之处是它被火烧毁后倒塌，而且倒塌时的状况几千年来一直保存完好，完全没有改变。房屋失火后留下了20多根未烧尽而炭化的木椽，走向都非常清楚，都是由四周向中心倒塌。这就给复原房屋的

第 41 号方形房屋复原图（内）

第 41 号方形房屋复原图（外）

第41号房屋遗迹

形状提供了重要依据。根据这些迹象，考古学家把它复原成了一座带有门棚的金字塔形的房屋。

第13号房屋是半坡遗址保存最好的一座房屋遗迹，位于遗址大厅入口处附近。看到这个遗迹，给人一种建造时精工细作，使用中细心维护的强烈感觉。

这间房屋的坑壁就作为墙壁，在坑的边缘架起屋顶。门朝南，门道为斜坡状，上有门棚。居住面和墙面都处理得整齐平滑。房屋中心有一个很规整的圆形灶坑。在地面上发现有一件完整的钵和一些破碎的陶片以及两件用草泥土做的、形状成圆台形、用途不明的物体。

相对而言，半地穴式房屋是工程量较大而技术难度较小的一种建筑。半坡居民修建不少半地穴式房屋，反映了他们的建筑技术已很成熟。方形房屋遗迹边直角正，说明半坡居民已经掌握了准确画出方形和直角的方法，或者已经有了画方的工具——矩。

地面式方形房屋

具有创新意义的建筑形式

中国传统土木建筑，至少在新石器时代半坡文化时期，已经开始发端。经过几千年的发展，成为特色鲜明、自成一体的建筑体系。

在半坡遗址的发掘中，发现的房屋遗迹中有两座方形房屋（24号、25号）是直接建在地面上，这是一种不同以往，具有创新意义的建筑方式。

顾名思义，这种房屋不再需要挖屋基坑，而是直接建在地面上。这两座房屋位于村落北部边缘，彼此相邻，距离外壕仅3～5米。24号为正南北方向，25号为南偏西方向，门都开在南墙上，因此，一个朝向正南，一个朝向聚落中心的方向。

两座房屋都不大，结构也基本一致，都是前后3排，每排4根，共12根大柱。其中外围的10根大柱和相邻两根大柱之间的小柱，共同形成房屋的墙壁（木骨泥墙），因此可以视为暗柱；而中间的两根大柱与外围

第24号方形房屋遗迹

新石器时代（约6000年前）
长4.28米，宽3.95米
1953-1957年西安半坡遗址发现
现展示于西安半坡博物馆半坡遗址保护大厅

第 24 号方形房屋遗迹平面图

的 10 根大柱以及墙壁并不相连，一进屋就可以看到，属于明柱。需要说明的是，外围的 10 根大柱，横成排，纵成列，构成了一个规正的矩形，而且每排的 4 根和每列的 3 根，大体等距离分布。而中间两根大柱，和外围大柱，横虽成排，纵却不成列，说明这两根大柱只与外围大柱中和它们成排的两根有直接关系，而和其余 8 根大柱都没有直接关系。中间大柱所在的那一排，既不笔直排列，也不等距分布，而是中间两根距离稍远，两边两对距离稍近，25 号房屋的这个现象更加明显。

两座房屋之所以会有这个现象是有一定道理的。不笔直排列，是因为柱子之间没有墙壁，所以即使排列不直，视觉上也不很差。而且柱子下端排列不直，并不说明它们的上端也不直；中间两根柱子距离稍远，是为了给本就不宽敞的房间，让出比较宽敞的通道。至于 25 号房屋的这个现象更加明显，是因为中间两根柱子中间有一个比较大的灶坑，灶坑影响了柱子位置的安排。

现在，我们可以对这两座地面式方形房屋进行复原了：它们是屋顶呈两面坡式的房屋。房屋平面为比较规正的矩形。10 暗 2 明 12 根大柱为承重柱，每排 4 根一样高，顶端可能是树杈，放置在其顶端的横梁则为承重梁。中间一排柱子支撑着屋脊的横梁，前后两排柱子分别支撑着屋檐的横梁。椽子就架在横梁上。柱与柱、柱与梁、梁与梁、梁与椽之间通过某些构件比如短梁，或者某种方法比如捆绑（甚至可能是榫卯）来固定，以保证彼此的相对位置不发生改变，确保房屋的稳固。在椽子上铺上厚厚一层茅草，用泥或绳索之类固定好，就是屋顶。10 根暗柱和相邻两根大柱之间的小柱，共同形成房屋四面的墙壁。房门就位于南壁的正中，朝向南方。房门上有门帘或门扇，将内外分割开来。另外，在某一面墙壁上，应该有窗户，用来排烟、采光和通风。

半坡聚落的地面式方形房屋复原之后的外形，与现在还常见的悬山顶

第 24 号方形房屋复原图

（屋顶超出两侧山墙）或硬山顶（屋顶与两侧山墙平齐）的两面坡瓦房相似，为两面坡顶，前后出檐。从降低建筑难度和减少雨水冲刷墙壁的角度分析，悬山顶的可能性更大一些。按照我国古代建筑的表述习惯，这两座地面式方形房屋，都是"面阔三间、进深两间"，只是这个三间和两间都比较小，仅相当于传统意义上的一间罢了。与蒙古包形或金字塔形的半地穴式房屋相比较，两面坡顶房屋的有效空间更大，居住更舒适。

中国传统土木建筑，历来有"墙倒屋不塌"的说法，意思是有时候，一座房屋的墙壁倒塌了，但是屋顶却没有跟着倒塌下来。这是因为一方面，房屋的木构部分彼此相连，且通过榫卯、铁钉等固定得很牢固，自成立体体系。但是泥土、砖石构件（墙壁），由于梁、柱的分割而彼此孤立，且多数为平面，不成立体体系，和木构部分也仅通过泥土、石灰之类粘接材料相连。在经过多年的日晒雨淋和热胀冷缩之后，木构部分和泥土、砖石的墙壁之间会有一定程度的脱离。另一方面，房屋的木构部分为弹性机构，而泥土、砖石部分为刚性结构。这样，受到外力的冲击、摇晃之后，即使墙壁倒塌了，但是由梁、柱构成，自成体系且具有一定弹性的屋架却可能依然矗立。

半坡聚落的地面式方形房屋，同样具有这样的特性：房屋的梁、柱构成自成体系且具有一定弹性的屋架；而木骨泥墙虽然也可算是弹性结构，但是牢固程度不足，而且和牢固的屋架之间，仅用泥土、藤条、绳索之类的易损材料连接，某种程度上也可以说彼此是脱离的。因此，如果房屋墙壁出现了问题，及时进行修缮乃至更换就可以，并不一定会危及整个房屋。换句话说，中国传统土木建筑，至少在新石器时代半坡文化时期，已经开始发端。经过几千年的发展，成为特色鲜明自成一体的建筑体系。

被焚毁的方形房屋

不幸与幸 集于一身

半坡遗址发现的数十座房屋，无一例外都毁坏了，通常只剩下房屋的基础，有的甚至只剩下一些柱洞或灶坑之类的残迹。尽管这样，我们依旧推测出，半地穴式房屋复原起来的样子，类似于现在的蒙古包或金字塔。到底根据什么复原的？

其实，对半地穴式房屋的复原，包括地面（房屋基坑）、墙壁和屋顶三个方面。

地面（基坑）的复原最直观。考古发掘中清理出的方形或圆形浅坑，就是半地穴式房屋的基础，坑底就是房屋的地面。

墙壁是根据房屋基坑的大小、深浅，或者基坑周围和内部的柱洞的大

第 41 号房屋遗迹

新石器时代（约6000年前）
长4.4米，宽3.2米，深0.4米
1953—1957年西安半坡遗址发现
现展示于西安半坡博物馆半坡遗址保护大厅

小、密度来复原，也算比较直观。

最难的是屋顶的复原。因为今天完全看不到房屋上部的样子了。所幸在半坡遗址中发现了一座被焚毁的房屋——第 41 号房屋，它为我们提供了复原当时房屋形状的线索。因此，很有必要对这座房屋多着笔墨，因为它很特别。

41 号房屋的门道外高内低作斜坡形，门道与居住面连接的地方有一个长、宽各 0.7 米的门槛。门槛后有一个直径约 1 米的灶坑。灶坑两旁各有一个柱洞。居住面西半部分比东半部分较小而略高约 10 厘米，可能是最早的"炕"，也叫"土床"。在东半部分地面上发现了陶罐、箭头、刮削器和一个盛有螺壳的小底瓮。

这座房屋的特别之处是它被火烧毁后倒塌，而且"原来因火焚毁的情况，完全未变……这个房子失火后，留下的炭化椽痕大概有 20 多根，都是由四周向中心倒置，由此可知屋顶大概成四角攒尖的形状，屋顶上盖一层相当厚的草泥土"。根据这些迹象，考古学家把它复原成了一座带有门棚的"四角攒尖式"，也就是金字塔形的房屋。

但是，这座房屋的意义还不止于此，它还让我们知道了在半坡聚落废弃的最后时刻发生了什么。

第 41 号房屋焚毁后，不光地面的陶罐、箭头、刮削器和盛螺壳的残破小底瓮原样未动，就连焚毁的椽子都原地原样保存，说明一方面，这座房屋是在废弃之时而不是很久后焚毁的；另一方面，这座房屋焚毁后，不

第 41 号方形房屋复原图（内）

第 41 号方形房屋复原图（外）

仅当时没有人去翻动，甚至此后6000多年都没有人去扰动。在人类活动非常频繁的西安地区，这不能不说是一个奇迹。如果说几千年后没有人扰动它，比较容易解释：那是因为它已经被历史的尘埃覆盖了，没有人知道它的存在。那么当时的人不去翻动它则令人费解。按照常理，房屋焚毁后，首先，房屋的主人一定会翻找可能幸存的财产，然后，聚落的其他人，特别是小孩，一定会来此处谈论、玩耍，破坏现场，这样才符合人们的心理，毕竟这种事情重要而又不常发生。随后，人们一定会清理掉这座房屋的残垣断壁，因为这终究是一场灾祸留下来的。最后，人们或许会给主人在原址上重建一座房屋。但是，这一切都没有发生。为什么呢？只有一种解释：房屋焚毁后很长时间，都没有人再出现在这里，不管是半坡氏族的人，还是别的什么人。换一种说法，那就是第41号房屋的焚毁，既是半坡聚落废弃之前发生的最后一件事情，也是废弃之后很长时间内发生的唯一一件事情。这件事情可能正好也验证了半坡聚落废弃原因的部分可能性，即：或因为水灾的破坏，半坡村落已经不完整，无法再居住；或因为土地的退化，半坡聚落附近的土地已经无法耕种，连野生动植物都少得可怜；或二者兼而有之。总之，在半坡聚落废弃之时和废弃之后很久，这里都没有人居住、活动，或者不适合人类居住、活动。

第41号房屋焚毁后得以原样保存，还说明半坡聚落的废弃可能是突然发生的，突然得连应该做的后续清理事故现场的准备，都没有发生。是谁导演了半坡聚落废弃的悲剧？又是谁点燃了焚毁第41号房屋的大火？

是半坡人自己，还是其他氏族的人？是主动的行为，还是无奈的举动？这一切，或许永远不会有答案了。不过，如果能够通过焚毁的椽子测得房屋焚毁的确切时间，至少就可以知道半坡遗址使用的下限和废弃的准确时间了。

总之，这座房屋，可以说集不幸与幸运于一身。它不幸被一场大火夺去了生命；但它又是幸运的：一方面，正是这场大火，让它拥有了不同于其他房屋的特质；另一方面，在它被焚毁后的6000多年里，都没有受到进一步的破坏，奇迹般地保持了原始状况。这让它成为现代人们重点关注的对象，让它"在烈火中得到永生"。

柱洞

房屋牢固有前提

我们今天常用的"基础"一词，就来源于传统建筑，"基"指地基特别是墙基，"础"指柱础，都是确保房屋牢固、耐用所必备的先决条件。

走近中国传统建筑，我们会发现，在屋里屋外，墙壁之间（有些甚至隐藏在墙壁内部，因此看不见），往往有一些木柱，成排或者成对布局，支撑着房檐或屋顶。在每根木柱的下面，有时候能看见一块方形或者圆形的石头。这种石头叫作柱础，是保持木柱不腐朽、不下沉的一种建筑构件。我们今天常用的"基础"一词，就来源于传统建筑，"基"指地基特别是墙基，"础"指柱础，都是确保房屋牢固、耐用所必备的先决条件。

中国的传统建筑，不管是南方还是北方，大多数都采用土木结构。这种建造传统至少可以上溯到公元前6000年左右的新石器时代早期，我们的祖先离开自然的洞穴（穴居）和大树（巢居），开始自己建造房屋的时

土层柱洞

9

柱洞遗迹

新石器时代（约6000年前）
1953—1957年西安半坡遗址发现
现展示于西安半坡博物馆半坡遗址保护大厅

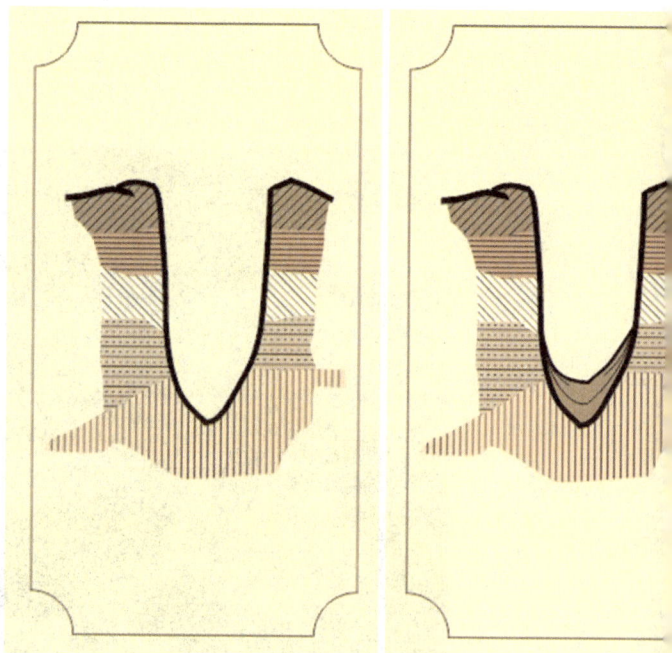

候。从公元前 5000—4000 年左右的新石器时代中期开始，半地穴式建筑、地面式建筑、高台式建筑、干栏式建筑以及窑洞，因地制宜，在不同地方大量出现。其中半地穴式建筑、地面式建筑、高台式建筑都属于土木结构建筑。

不论是哪种土木建筑以及它的附属结构，如门棚、回廊，都必须有一种构件——直立的木柱，用来支撑屋顶和房檐。房屋面积越大，结构越复杂，要求木柱就越多；高度越高，层面越多，要求木柱就越粗，而且要越稳固。而要求木柱稳固，就要对它的基础进行处理，以防止它发生下沉和位移。

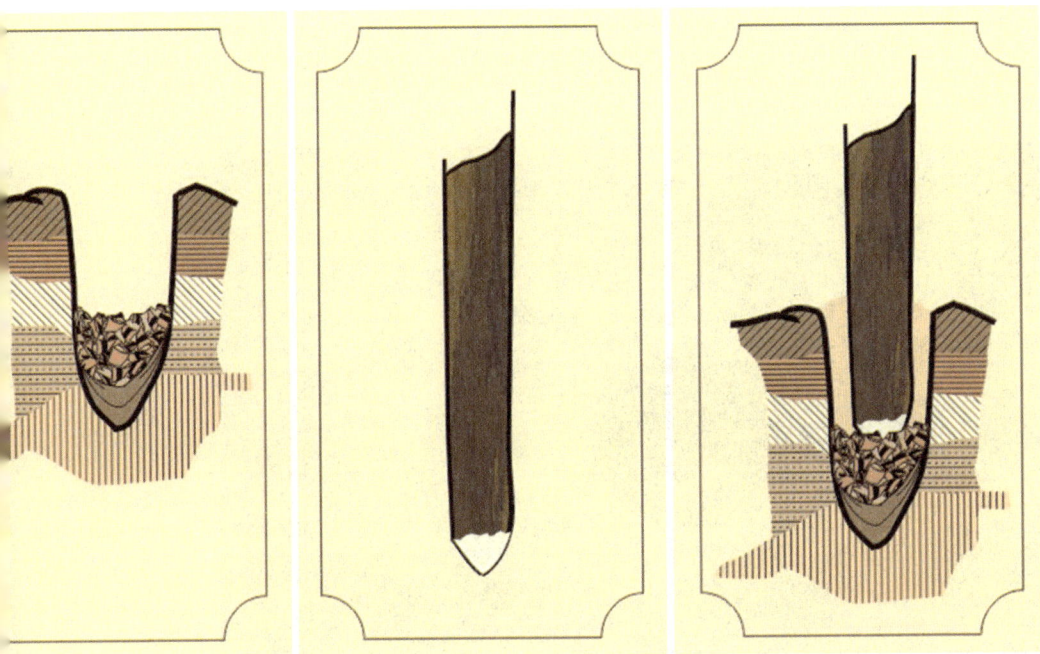

柱洞加工示意图

对木柱的基础进行处理的方法，最初采用的是柱洞，后来逐渐演变成柱础。

柱洞是房屋木柱朽没后留下的痕迹，内部往往还保留有白色的木头朽灰。半坡遗址发现了400多个柱洞，有单独存在的，也有成组分布的。正是根据成组分布的柱洞，人们复原了房屋的形状、知道了房屋的大小、了解了房屋的功用。

柱洞的来历大体有两种：一种是做成的，一种是形成的。做成的柱洞是先挖坑洞，后树立柱子；而形成的柱洞，是直接树立柱子，等房屋废弃、柱子朽没后才出现柱洞。究竟是哪一种，主要根据柱子的粗细和作用而定。

柱洞遗迹俯视

　　柱子直径 20 厘米左右及以上的标准的柱洞，建造很仔细，先挖一个比柱子直径大两三倍的坑洞，柱子插入洞中后，在其周围填土，层层夯实。柱洞的底部有时会垫上一层黑褐色或红褐色的黏性硬土，其中还会加入陶片或石片，夯实后作为柱础。这种柱子一般位于房屋中部，用来支撑屋顶。直径 10 厘米左右的柱子，则是按木柱粗细挖一个略大的柱坑，然后在木柱周围填土、夯实。

　　以上柱洞是做成的。这样的柱洞在解剖后，可以看到三部分：挖成的坑、填充物和柱子形成的空洞。

还有两种情况，只有在树立柱子后，才能形成柱洞。

直径 10 厘米左右的柱子，把木柱下端削成钝尖，然后像钉钉子一样直接钉进泥土中。这种柱子一般位于房屋墙壁中，作为承重柱，决定墙的走向以及用来支撑房檐。

这种柱洞在解剖后，可以看到两部分：柱子形成的空洞和柱子挤压周围泥土形成的硬土圈。空洞呈倒锥形，里面没有填充物；硬土圈和周围的泥土质地是一样的，但是明显密实、坚硬，两者之间有可以看见却无法明

柱洞遗迹结构解剖

柱洞遗迹结构解剖

确分开的边界。对柱洞进行解剖后会发现，它的破裂（解理）有两个方向：一是水平方向，一是垂直方向。在水平方向的破裂面上可以看到呈放射状的细纹，它是柱子水平挤压周围的土形成的；垂直方向的破裂面则和放射状细纹的方向基本一致。研究人员根据这样的现象判断，这样的柱洞，是将柱子钉入泥土中形成的。

而直径5厘米左右、紧密排列的柱子，则是先挖一道槽，然后根据需要按一定间距放入小柱，再用土或草拌泥填实。小柱之间用藤条、绳索一类的东西相互连接固定。这样的柱子附着在墙壁上加固墙壁，或者直接形成墙壁，称为木骨泥墙。

这样的柱洞在解剖后，可以看到三部分：挖成的槽、填充物和柱子形成的空洞。

木骨泥墙是更进步的夯土墙、土坯墙、砖石墙等出现之前，比较原始的一种墙体。当更进步的筑墙方法出现之后，木骨泥墙因为耗费木材、不易取平等原因，逐渐退出历史舞台。

随着房屋越来越高大，柱洞越来越难以确保木柱不下沉，于是一种新的事物——柱础出现了。柱础的源头或者最初形式，就是在柱洞填土中有意识放入的陶片、红烧土块、骨片、料礓石、石块等，后来逐渐固定为比较大的石块，成为真正意义上的柱础。一开始，因为石头形状不规则，柱础是埋在地下的，称为暗础。后来，为了让木柱下端离开潮湿的泥土以避免过快腐朽，柱础开始露出地面，甚至高出地面，称为明础。明础的横截面一般明显大于木柱的底面。为了防止木柱发生水平位移，有的明础上还有柱洞。高出地面的柱础，一般为鼓形、圆柱体以及四棱、六棱、八棱柱体，或者多种形状的组合，并在各面刻上各种纹饰，具有很强的装饰性。

今天，当我们欣赏中国传统建筑时，或许根本想不到，其中的一些构件、方法或者理念，早在几千年前，就已经萌芽、发展甚至比较成熟了！

窖穴

食物保鲜有妙招

窖穴内形成了一个微气候环境，在一定程度上具有冬暖夏凉、恒温恒湿的特点，就像今天家里的冰箱一样，能让含水的食物长时间保持水分，而脱水的食物又能长时间保持干燥，起到保持食物新鲜，减缓食物变质、腐败进度的作用。

在没有冰箱的过去，人们是如何来保持食物的新鲜呢？在不同的地方，针对不同的食物，人们因地制宜、因物制宜，采取的方法也各不相同。有些食物，比如谷物、干果、干菜、种子等，需要晾干了保存；需要保持足够水分的，比如瓜果，一般在阴凉处保存；有些用盐腌的方法保存；有些用烟熏的方法保存；有些是埋在土里保存；有些是密封起来保存；有些是把不同食物混放在一起保存……总之，千方百计，各有所长，虽然方法不同，但结果一样——保持了食物的新鲜。

那么，处于四季分明的温带地区、位于半干不湿的黄土高原的半坡聚落的先民们，是怎样做的呢？他们采用的方法，直到今天，人们仍然在使

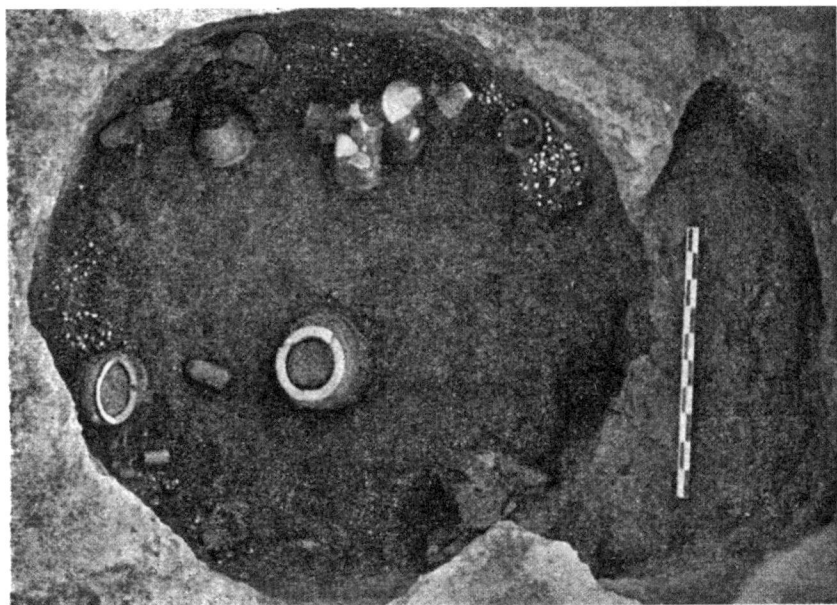

第129号窖穴遗迹堆积情况

用，那就是用窖穴给食物保鲜。

　　窖穴，也叫地窖，是黄土高原上常见的一种设施。说起黄土高原，人们很容易想到窑洞。其实，在关中、陕北地区，窖穴家家都有，人人见过，比窑洞常见得多。窑洞和窖穴都是利用黄土的直立特性，人工挖掘而成的，两者的区别在于：窑洞是在立面上水平挖掘，一般大的窑室用于住人，小的窑室用于储物；而窖穴是在平面上垂直挖掘，一般只用于储存食物，小的窖穴深仅尺余，大的窖穴深达数米。因为位于地面以下且经常密闭，窖穴内形成了一个微气候环境，在一定程度上具有冬暖夏凉、恒温恒湿的特点，就像今天家里的冰箱一样，能让含水的食物长时间保持水分，而脱水的食物又能长时间保持干燥，起到保持食物新鲜，减缓食物变质、腐败进度的作用。

在半坡遗址中发现了200多个窖穴，根据地层关系、形状和所出的遗物，可以将窖穴分为早、晚两期。其中早期的窖穴数量少（约占20%），形状不一，尺寸小，容积小，多数的深度和底径不足1米，容积不足1立方米。而晚期的窖穴数量较多（约占80%），形状基本一致，呈口小底大的圆形袋状，多数窖穴的深度和底径达到2米，容积可达6立方米左右。有的窖穴底面和周壁进行了细泥涂抹或火烤等硬化、防潮处理，有的底面还有流水槽。晚期窖穴数量多、容积大、形状统一，反映了在半坡聚落晚期，人口增加、需求增长、生产水平提高、生活资料增多的事实。

窖穴中的遗存主要有两类：一是生活资料的残余，如吃剩的兽骨、鱼骨、螺壳、蚌壳、果核、粟粒等；一是生产工具或生活用具。比如在早期一座较大的窖穴内，发现有厚达18厘米的粟（脱壳后称小米）的朽灰。由此我们得知，半坡先民的主要粮食是粟。

在新石器时代早、中期，窖穴一般成群密集分布在居住区内和房屋之外，和房屋交错在一起，具有公共仓库的性质。比如，在半坡遗址内壕东段的北段附近，就密集分布着14个窖穴，在它们附近有几座房屋。这14个窖穴，可能就是这几座房屋的公有设施，但并不能明确指出具体属于哪座房屋。可见，在半坡时期和以前，财富是整个聚落，至少是亲缘关系更近的一群居民共有的。但是，到了新石器时代晚期，随着家庭结构的变化，私有制观念逐步增强，室外的窖穴变得很少，很多转移到了室内，也就是说，这个窖穴里的物品，属于这座房屋的主人单独所有。

窖穴一旦因为某种原因比如破损而被废弃，通常就会被人们回填，或者倒入各种垃圾，它的身份也就发生了转换，由"窖穴"变成了"灰坑"，有的甚至成了"乱葬坑"，里面抛弃着疑似被以残忍手段处死的罪人或俘虏。半坡遗址中就发现了几座这样的窖穴。当然，窖穴不是一定会变成灰坑，灰坑也不是一定来自窖穴。

第 115 号窖穴遗迹内粟灰堆积

灰坑遗迹（第 251 号墓葬）

陶窑

烈焰起而美器出

陶窑是后来一切陶瓷窑、砖瓦窑的早期形式，是它们演变、进步的基础。人类进入文明时代的标志之一——金属冶炼，也正是在烧制陶器的过程中，得以萌芽的。

　　不管是在物资相对匮乏的过去，还是在物质极大丰富的今天，陶器是家家都有、人人熟悉的一种生活器具。陶器是通过选料、制坯、烧制等工序，由普通泥土逐渐演变而成的，其中烧制是至关重要的一道工序。而陶窑则是保证烧制质量必备的条件之一。

　　陶窑的出现和发展是衡量制陶工艺水平的一个标志。早在 10000 年前，长江流域及以南地区就已经出现了陶器，但是中国新石器时代的陶窑遗址，却主要发现在黄河流域，出现时间为公元前五六千年。在此之前，主要采用的是原始的露天烧制法，即把陶坯放在柴火堆上直接烧制；和比较进步的平地堆烧的方法，即把陶坯放在一堆柴火里，然后把柴火用薄薄一层泥

横穴窑遗迹正视图

横穴窑遗迹俯视图

横穴窑遗迹

新石器时代（约6000年前）
残长约2米，宽约0.7~1米，高约0.8米
1953—1957年西安半坡遗址发现
现展示于西安半坡博物馆半坡遗址保护大厅

包裹起来，底边留下一条缝隙作为点火和进气处，上面戳几个洞作为排烟口。然后点火，柴火烧完，陶器就烧成了。平地堆烧法是从露天烧制法向陶窑烧制法过渡的阶段。露天烧制法和平地堆烧法都难以掌控陶器的烧制过程和产品质量，而陶窑烧制法让烧制陶器的过程（时间、温度、热量分布等）变得易于控制，陶器质量变得更加稳定，并且逐渐衍生出彩陶、灰陶、蛋壳黑陶、原始瓷器等的烧制工艺和产品。

出于便于管理的原因，陶窑一般集中分布，位于生活区的附近，像半坡聚落的制陶区就位于生活区东北方向环壕以外紧邻环壕的位置。陶窑的选址大约要符合三个条件：一是取土方便；二是用水方便；三是交通方便。这样便于工匠照看陶窑，烧好的陶器也便于运回生活区，供大家使用。

半坡遗址共发现6座陶窑。这些陶窑均保存较差，能够基本复原其构造的有两座，正好代表了两种不同的陶窑类型，也"大体上代表了中国原始陶窑发展的过程"：一种为横穴窑，一种为竖穴窑。两种陶窑都主要由火膛、火道和窑室构成。窑室是放置待烧的陶器的地方，平面为圆形，上部一般都呈弧形往里收敛，以便于封窑；火膛是放置柴草、生火烧陶的地方；火道是火焰由火膛进入窑室的通道，可能不止一条，还有更细的分支——火眼。火焰通过火眼进入窑室，焙烧窑室中的陶坯，直至其变为陶器。两种窑的不同之处是横穴窑的窑室和火膛不在同一条垂线上，窑室位于火膛后上方，中间由一条斜向上的火道连接；而竖穴窑的窑室位于火膛正上方，二者垂直分布，中间由一条很短的火道连接。

横穴窑最早出现在裴李岗文化,流行于仰韶时期,总体结构比较原始。半坡发现的这座横穴窑的火膛是一个底部平整、上部略成穹顶的筒状通道,其后部有三条火道。三条火道向上汇成一个圆形通道,再由更细的分支——火眼与上方的窑室相通。火眼可以使窑室内的热量更加均匀和柔和,能提高陶器的成品率和品质。窑室底部残存有10个火眼,接近火道的地方火眼较小,远离火道的地方火眼较大,可能是为了调节火力强弱而有意这样做的。因长期使用,火膛上部变成青色和红色土层。

竖穴窑是较进步的一种形式,仅发现一座,分为火膛和窑室两大部分,介于二者之间的是火道。火膛底部作椭圆形,南面有一个火门,是加柴的地方,作长方形的斜坡道,越向北越高,而面积也相应地缩小。通往窑室的火道,现存的只有两条。在窑室底部,火道两旁和中间,有两个头部粗大的圆柱台,一个完整,另一个残破,这种柱台似有放置陶器、分散火焰向窑室各部去的作用。

两种陶窑各有利弊:横穴窑比较费柴火,但是火力温和,成品率高;竖穴窑比较省柴火,但是火力较猛,可能导致陶器受热不均,成品率有所降低。在一些陶窑附近,有成片的堆积物,全是破碎陶片、红烧土块、硬灰面残块和木炭碎屑等烧陶后的废弃物。

当时的陶窑并不大,横穴窑窑室的直径有1米左右,竖穴窑的窑室大一些,直径有2米左右。一次能烧成的陶器,较大的只有几件,较小的有一二十件。

火眼
窑室
窑箅
火道
火膛

窑箅
火眼
窑室
火膛
火道

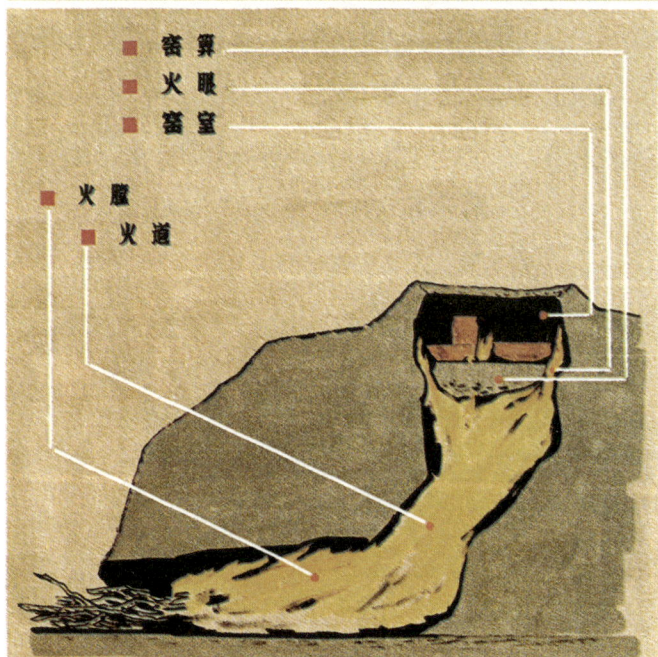

半坡遗址陶窑结构示意图

半坡等古代遗址发现的陶窑，和今天各种结构、规模、供热方式多样的窑相比，看上去实在简陋，但对人类社会的进步，却发挥了了不起的作用。陶窑为半坡先民们提供了大部分的日常生活器具，让他们能去河流中汲水，煮熟、蒸熟食物，储存粮食以备青黄不接。工匠们能通过陶窑烧制出让今天的人们赞叹不已的精美陶器，为后人记录下当时人们的制作工艺、人际关系、审美情趣、宗教观念等物质和精神活动。而陶窑也是后来一切陶瓷窑、砖瓦窑的早期形式，是它们演变、进步的基础。人类进入文明时代的标志之一——金属冶炼，也正是在烧制陶器的过程中，得以萌芽的。

　　在人类陶冶历史的发展进程中，陶窑的出现，无疑是一个重要坐标，具有里程碑的意义！

成人墓葬

人生终须有归宿

对死去的亲属、同伴的遗体进行处理，以示怀念、尊重和崇敬之情，是人类的共同行为。这种行为在旧石器时代已经出现，有些已经有了规模比较大、等级比较高的墓葬，比如俄罗斯松基尔遗址，距今约 3.4 万到 3.2 万年，主要包括两座被誉为欧洲格拉维特文化时期最为宏伟的墓葬，有着在那个时代来讲非常丰富的随葬品和强烈的仪式感。该遗址是最早的仪式墓葬之一，也是人类信仰产生的古老证据。当然，这两座墓葬是人类早期墓葬的特例，更多的是在墓葬中使用红色颜料。比如，在山顶洞遗址中发现的 3 枚完整人类头骨（一男二女）与一部分躯干骨旁边，考古学者发现了赤铁矿的粉粒，这很可能是"山顶洞人"有意为之。（这也说明，至少

带有"二层台"的成人墓葬

新石器时代（约6000年前）
1953–1957年西安半坡遗址发现
现展示于西安半坡博物馆半坡遗址保护大厅

从"山顶洞人"时代起，墓葬便已在中华大地上出现了。）起初用赭石（赤铁矿），到了新石器时代晚期仰韶时代之后，中国普遍改用朱砂（硫化汞）。当然，能使用朱砂的都是高等级的埋葬，绝大多数墓葬的仪式感是通过布局、位置、方向、墓坑、葬具、葬式、随葬品等来体现。

那么，处于新石器时代晚期仰韶时代的半坡聚落的墓葬，是怎样体现仪式感的呢？

成人墓葬

半坡聚落的墓葬共发现250多座，可分为两种：一种是埋葬成人的墓，共170多座；一种是埋葬儿童的墓，有70多座。半坡遗址发现的成人墓多数埋葬在村落外北部的氏族公共墓地上，少数埋葬在东部和东南部，个别的位于居住区内。

当时，人们聚族而居，根据家族的不同，他们的房屋划分成了几个组。每组房屋相邻而建，但是与其他组隔开一段距离。墓葬也应如此。考古发现半坡氏族的公共墓地受到比较严重的破坏，难以确切划定分区或分组。保存的墓葬主要分布在村落外的北部，同时在聚落东部和东南部也有少数墓葬，这或许正好说明，半坡氏族的不同家族，可能拥有各自的公共墓地。而在北部的氏族公共墓地内，墓葬排列相当整齐，成行成列，且大约可以分为几个组。头向基本一致，都朝向西方或者西北方。但其他地方的就比较零乱。

　　成人墓葬墓坑边界基本都不清楚，也都没有葬具，很难判断方向、形状和尺寸，还有个别骸骨发现在灰坑（即垃圾坑）之中。绝大多数都是单人葬，只有两座是合葬墓，分别埋葬4个和2个死者。

　　按照墓葬中骸骨的形态，当时人们采取四种埋葬方式：其中最多的是仰身直肢葬，其次是俯身葬，少量为二次葬（将死者的尸骨进行两次和两次以上的埋葬）和屈肢葬（死者身体弯曲）。一般认为，仰身直肢葬是对正常死亡者采用的葬式，而俯身葬，特别是二次葬和屈肢葬，可能是对疾病、突发灾祸、氏族战争等导致的非正常死亡的人采用的葬式，避免他们

未成年人灰坑合葬墓

的灵魂对活着的人不利。至于发现在灰坑（即垃圾坑）之中的骸骨（姑且
称为灰坑葬），应该只是扔进灰坑中（这些骸骨可能属于本部族的罪人，
或者是敌对部族的俘虏），谈不上是埋葬方式。从埋葬方式的不同，可以
了解墓主人生前的身份、地位、财富等的差别。

　　半坡遗址仅发现了两座合葬墓，一座合葬了两个年龄相仿的男性，一
座合葬四个年龄相仿的女性。目前没有发现成年人的异性合葬现象，说明
当时尚不存在现代意义上的夫妻关系。

　　在墓葬的布局、位置、方向、墓坑、葬具、葬式、随葬品等诸多因素

中，很重要的一个因素当数随葬品。人们认为：一个人死了，并不是说他（她）就此彻底消失了，而是去了另外一个世界，去过另外一种生活。既然要生活，就需要吃饭、穿衣，需要社交、劳作。随葬品就是为了满足这些需要而出现的。墓葬中有或没有随葬品，或者随葬品的多或少，基本能够反映墓主人生前的身份、地位、财富等情况。同时，限于当时社会财富的总量比较小，以及财富分配尚未私有化，随葬品并不是想放多少就放多少，想放什么就放什么，而是有一定的规矩。这规矩一是够用，二是适用。也就是说：需要多少，最多只放多少，只会少，不会多；放的随葬品也都是生产、生活中的必需品，而不会有其他的"奢侈品"。半坡氏族成人墓葬的随葬品绝大多数都是实用的器具，但专作随葬用的明器（也称冥器）已经萌芽，甚至还有用未烧的泥坯随葬的。

半坡氏族的成人墓葬中，有随葬品的有 70 多座，都是仰身直肢葬，这从一个侧面证明了采用仰身直肢葬形式的属于正常死亡者，或者在氏族中地位比较高。这些成人墓共出土随葬品 300 多件，其中陶器，通常是打破后放入墓葬的。之所以如此，因为在人们看来阴界同阳界正好相反，只有将物品打破后随葬，死者在阴界才能得到完整的物品。

随葬品

种类：有用具、工具和装饰品，其中绝大多数为陶制容器，装饰品次之。至于工具，只在两座墓葬中出土了 3 件。这说明当时用生产工具随葬可能是比较忌讳的事情，因为死者到"那边"是去生活的，而不是去劳作的。

位置：随葬品在墓葬中是有特定位置而不是随意放置的，其中，装饰品就在墓主人生前佩戴的位置，陶器则大多数压在下肢和脚的上面，摆放很整齐。

数量：墓葬中的随葬品多少不一，少的只有一件，多的可达十件，以五六件的最常见。数量少的就平放，数量多的就摆起来，或者把小的器物放在大的器物的里面。合葬墓的随葬品数量较多，如38号四人合葬墓，随葬陶器17件；39号二人合葬墓，随葬陶器8件。这两座墓的随葬品虽多，但好像也是按单人计算的，或者说这些随葬品各有其主。

组合：所谓随葬品的组合，就是一般会有些什么，以及哪一种和哪一种会一同出现。随葬品是为了满足逝者在另外一个世界的实际需要而出现的，因而是"按生活习惯和用途配置的"，有作炊器和储藏器用的粗陶罐，作水器用的尖底瓶和各种壶类，还有覆盖和盛放东西的钵。随葬品的器形共21种，按不同的组合来配置，如钵、罐、尖底器组合，钵、尖底器组合，罐、壶组合，钵、罐、壶组合，钵、尖底瓶组合等。尖底瓶是最常见的随葬品。

割体葬仪

在半坡墓葬中，有一种特殊的现象，那就是一些骸骨的手指或（和）脚趾缺失，但在随葬的陶钵内，或者墓葬填土中，却发现零星的指骨或趾骨。我们把这种现象称为"割体葬仪"。但是这些零星的指骨或趾骨，并不能确定是否属于墓主人。它可能是当时的一种习俗，或者有着其他特殊的意义。摩尔根在《古代社会》中记述了印第安克洛部落中的这种习俗：人们把断指视为对友人馈赠的一种报答行为，或者是祭祀中的奉献行为。这种习俗在有些地方直到现在还在延续。在20世纪中期拍摄的一部反映当代部落风情的影片中，一位年轻女性自豪地展示了她的双手。她的每根手指都至少截下一节，陪葬给了逝去的亲友们。在印度尼西亚一个叫达尼的原始部落，女人以男人为中心，辛勤操持家务。如果部落中有人死了，与死者关系比较亲密的女性亲属便用斧头砍去一节手指以示哀悼，这就是当地的"断指习俗"。半坡墓葬中一些骸骨缺失的手指或（和）脚趾，说不定就是陪葬给了亲友；而在随葬的陶钵内或者墓葬填土中发现的零星的指骨或趾骨，说不定就是亲友陪葬给他（她）的。

瓮棺葬

孩童灵魂何归处

瓮棺葬是我国新石器时代仰韶文化中普遍流行的葬俗，人面鱼纹是仰韶文化半坡类型瓮棺葬中独特的纹饰内容，反映了人们对当时生活的理解，对氏族繁衍发展的祈愿，对夭折儿童的珍视。

半坡遗址发现小孩墓葬都是将小孩尸体装入陶瓮等容器中埋在聚落内的房屋近旁。这是半坡遗址墓葬中的一个显著特点。

瓮棺葬这种特殊的儿童埋葬方式，使我们看到了当时人们的思想意识和精神活动。为何要以生活中所使用、或专门制作的陶器作为葬具，为何要单独埋葬于聚落生活区，或许与半坡人的灵魂观念、宗教意识及当时的氏族制度有关。半坡先民不仅虔诚地崇拜作为氏族标志的图腾，和从事农业祭祀等方面的宗教活动，而且在丧葬方面十分讲究，有成套严格的、纷繁复杂的丧葬习俗。

在半坡遗址考古发掘中，共发现小孩瓮棺葬73座，绝大部分无规律

瓮棺葬

新石器时代（约6000年前）
1953－1957年西安半坡遗址出土
现藏于西安半坡博物馆

的埋葬于房屋的附近。半坡先民将陶瓮作为放置夭折小孩尸体的葬具，用陶盆或陶钵作其盖，但根据陶瓮及陶盆、陶钵上的使用痕迹分析，这些葬具大多都不是专门为埋葬小孩而烧制的葬具，而是人们日常使用的生活用具。埋葬瓮棺时，小孩尸体装在一个粗陶瓮或大缸里，上面盖上一个陶钵或陶盆，较大的小孩用两个大瓮对扣起来，埋在居住区内房屋周围的空地上，是直接在地面上挖一个土坑下葬的。值得注意的是，在盖陶瓮的盆或钵的底部，都凿有一个小孔，有的为管钻而成的规则圆孔，有的是随意敲击出的小孔，有时在圆孔上还用一个小的圆陶片盖住。在这些瓮棺葬中只有两座瓮棺内发现了保存较好的骨骼，其他绝大多数瓮棺都只剩头骨碎片和零星的肢骨，这是因为小孩在夭折时年龄尚小，骨质不坚，不易保存。

半坡人对小孩采用这种区别于成年人的葬俗，是受一定信念支配的。

首先是基于氏族制度的制约，在人们的意识观念中，小孩尚未成年，不被认为是成年人，夭折后便不能埋入氏族公共墓地。这种葬俗在很多原始民族中都存在，如我国广东连县南部的瑶族人，凡未满月的婴儿死去，他们认为孩子还不会走路，不能到户外去，一般将孩子尸体用树皮包裹起来，埋在父母的床铺下面；云南永宁纳西族的儿童，13岁时举行"成丁礼"，男孩叫穿裤子礼，女孩称穿裙子礼，经此礼后，方认为这些孩子已经成年，取得了家族正式成员的资格，未行"成丁礼"的孩子死后，不能埋在本家族的公共墓地；赫哲族的小孩死后，不埋葬，而是用桦树皮把尸体包裹起来，挂在树杈上，他们认为小孩还小，埋在地下就出不来了；安达曼岛上的土

半坡遗址西北部大围沟内的瓮棺葬群（局部）

著居民，大人死后埋在村子外面，小孩死后却要埋在房屋下面。上述这些民族学材料告诉我们，小孩因其尚未成年则不被认为是氏族的正式成员，死亡后就不必葬于公共墓地，这也正是半坡人对小孩采取特殊葬俗的含义。

其次是受来世生活观念和现世生活情感双重意识的支配。所谓来世观念，就是指小孩未成人，期望其再度降生入世，因而埋葬在居住区内。另一方面，亦或许是由于半坡人认为小孩年龄尚小，生活不能自理，有的还不会走路，埋在亲人身边，便于时时照顾。另外，抛尸荒野易被野兽伤害，母亲不忍舍弃，就埋在房屋近旁，使其灵魂经常可以与亲人团聚，体现了母亲对孩子的呵护和关爱之心。半坡遗址发现的73座瓮棺葬几乎完全没

半坡遗址出土的人面网纹盆，盆底有一圆孔

有随葬品，可能是因为小孩太小，还不会使用人世间的一切日常生活用具，所以埋葬时就没有放进去。

灵魂观念，在半坡遗址的瓮棺葬中也可以找到若干线索，其表现在作为瓮棺盖子的陶盆或陶钵底下的小孔，是人们有意识钻凿出来的，作用就是供小孩灵魂自由出入的通道。在瓮棺上有意钻凿小孔的现象，在新中国成立前我国一些民族地区依然存在，如四川冕宁县和爱公社庙顶等地的藏族实行火葬，将死者骨灰装入陶罐再埋入土中，陶罐的底部都有一个小孔，用意是"让灵魂出而归西"；云南纳西族的用麻布口袋作骨灰袋，其底部

半坡遗址出土的人面鱼纹盆，现藏于中国国家博物馆

要剪开或抽出底线，使口部与底部均与外界相通，是为了便于灵魂出入；普米族用陶罐盛骨灰，口部和底部也有意钻出小孔洞，放置到墓地，也是便于灵魂出入。由这些实例可见，半坡人的思想意识中不仅存在着灵魂观念，而且，这种观念已经相当复杂和系统了。

半坡瓮棺葬最特殊、最神秘的则在于作为瓮棺盖子的陶盆内壁上彩绘的"人面鱼纹"图案，半坡遗址共发现7件带有彩绘"人面鱼纹"图案的陶盆。这些人面鱼纹盆的纹饰，略有不同，但均由人面和鱼纹巧妙地结合在一起。人面概括成圆形，在圆脸中绘有清晰的五官，眼若细线，笑意盈盈，鼻子呈倒 T 形，嘴微张，两边有两个变形的几何鱼纹，鱼头与人嘴外廓重合，嘴唇颇具立体感，两耳旁有相对的两条小鱼，头顶有三角形的尖顶纹饰，可能是发髻，额上或涂黑，或留白，或以明暗相结合，构成形象奇特的人鱼合体图案，人面鱼纹图案两两相对，之间还有写实的鱼纹或网纹作为点缀，画面生动而格调肃穆，既庄重又富有生活气息。

人面鱼纹图案除了在半坡遗址的瓮棺葬中发现以外，在半坡类型的其他遗址中也偶有发现，如考古工作者在临潼姜寨遗址、宝鸡北首岭遗址、西乡何家湾遗址、铜川李家沟遗址等均发现了人面鱼纹装饰的瓮棺葬具，它们与半坡遗址发现的人面鱼纹有极高的相似度。关于人面鱼纹的解释，国内外学术界有多种不同的理解，其中较为普遍的观点有三种：其一认为人面鱼纹是当时图腾崇拜的产物，作为氏族的徽号或标志；其二认为人面鱼纹是当时巫师作法时佩戴的面具，绘在陶器上的人面鱼纹则是代替巫师主持祭祀活动的专用图案，其意义类似于向面具赋予魔力，巫师戴上这个面具就能够沟通凡人与神灵；其三认为鱼繁殖能力强盛，多籽多产，而当时的人口增长率很低，人们希望自己的氏族能像鱼一样繁衍生息，所以将人面鱼纹作为象征物，这种"人鱼合一"的观点反映了原始人类对于生殖的崇拜，也艺术地再现了半坡先民对于生命之源的探索。

由于环境的恶劣，生活的艰苦，半坡人婴儿的成活率很低，人们以特殊的形式埋葬死去的小孩，体现了当时的人们对于生命的挽留、尊重和寄托。瓮棺葬是我国新石器时代仰韶文化中普遍流行的葬俗，人面鱼纹是仰韶文化半坡类型瓮棺葬中独特的纹饰内容，反映了人们对当时生活的理解，对氏族繁衍发展的祈愿，对夭折儿童的珍视。

关于瓮棺葬，郭沫若先生曾经有诗云：

半坡小儿冢，瓮棺盛尸骸。

瓮盖有圆孔，气可通内外。

墓集居址旁，仿佛犹在怀。

大人则无棺，纵横陈荒隈。

可知爱子心，万劫永不灰。

半坡人的纺织工具

葛麻以为衣

骨针和纺轮的出现与发明，开启了人类美化自己、美化生活的新篇章，打响了纺织革命的第一枪，拉开了纺织革命前夜的序幕。

　　半坡人衣服的来源有两种，一种是兽皮，另一种是利用植物纤维织成的粗布。半坡人通过狩猎活动猎获的动物，不仅可以得到它们的肉食、骨角，而且能够获得皮毛，用石刀剥取兽皮之后，用陶锉去掉兽皮上的油脂，经过加工的兽皮柔软光滑，美观舒适，且非常耐用，是冬季御寒最理想的服饰。到了夏季，兽皮衣物就无法再穿，因而半坡人就从自然界中发现了可以用来纺线的野生植物，进而发明了纺织技术。

　　以兽皮为衣可以追溯到旧石器时代晚期。考古工作者在发掘北京周口店山顶洞人遗址时，除了发现石制品、装饰品以外，还发现一枚骨针，长8.2厘米，略弯，针眼已经残破。这枚骨针圆而光滑，针尖锐利，由残破的针

石纺轮

骨梭

石纺轮、骨梭

新石器时代（约6000年前）
石纺轮：直径6厘米，厚0.6厘米
骨梭：长16.5厘米，直径0.3厘米
1953-1957年西安半坡遗址出土
现藏于西安半坡博物馆

眼看，应是用石尖状器括挖成的，这是我国发现年代最早的一枚骨针，距今已有 18000 年，与之同时的其他旧石器时代晚期遗址中还发现了骨锥。据考古学家研究，骨针和骨锥的发明可能是人们受带刺的植物如皂角树刺、刺槐等的启发，用骨针及骨锥穿以兽筋来缝制兽皮衣物。

到了新石器时代，纺轮和针在我国就大量出现了。纺轮，我国古代称为纺专，外国学者称之为纺锤。随着新石器时代农业的发展和定居的出现，纺轮即出现在人们的生活中，正如德国学者利普斯所说："人们开始定居，纺锤便出现在重要工具之中，我们能够确定，农业的发明和纺锤作为一种文化因素的出现，两者是有密切联系的。"纺轮的出现，表明人们已经由最初用手搓捻合线，变为使用简单工具，从而提高了纺线的产出量。目前我国考古发现最早的纺轮，出土于中原地区的前仰韶文化遗址中，但这些纺轮都是用陶片制成，形状呈圆形或者近圆形，中间有圆孔，制作简单，数量较少，说明纺织业还处于比较原始的状态。

仰韶文化时期，一些遗址开始出现了专门制作的石、陶制纺轮，纺轮的集中出现，表明史前聚落内纺织业已经达到了相当高的专业化程度。半坡遗址发现了数量多、类别丰富的手工业工具，达到了 1133 件，其中石、陶制纺轮有 52 件、骨针 281 件，这些纺织工具的发现，表明半坡人已掌握了原始纺织技术，纺织成为半坡人手工业中重要的组成部分。半坡人在制衣、纺织的过程中，初步产生了原始审美观念。

他们采用野生植物的纤维进行纺织，较常见的如葛和麻，葛的茎皮纤维经过加工可以织成布，麻纤维坚韧有弹性，可以编成绳索或织成麻布。当时人们把这些植物纤维收集起来，加工处理成为线缕，最后进行纺织，这就是最早的"布"。

半坡遗址出土的纺轮，以陶制为多，也有一些是以石材磨制而成的，形状以圆盘形最为普遍，有大、中、小之分，有的纺轮上还有装饰图案。纺轮在使用时一般是和一根捻杆配合起来使用的。浙江良渚遗址出土的一件玉纺轮，出土时有一根青玉圆杆穿在其中，圆杆上端锥尖，在尖端对钻出一小横孔，这是我们认识史前纺轮用法最直观也是唯一轴、轮俱存的考古标本。纺线时，在纺轮的空心处插入捻杆，先将纤维用手搓成线系于捻杆上，然后一手拿着纤维，连接于线尾部，一手按同一方向持续转动纺轮，使之快速旋转起来，这时纤维被逐渐拉细，从而利用纺轮自身的重力和它旋转产生的转动惯量进行牵伸，从而达到加捻纤维的目的。这种方法较之于人工以手捻线撮合有了明显的进步，大大提高了纺线的产量，是我们现在广泛使用的纺织工具的鼻祖。

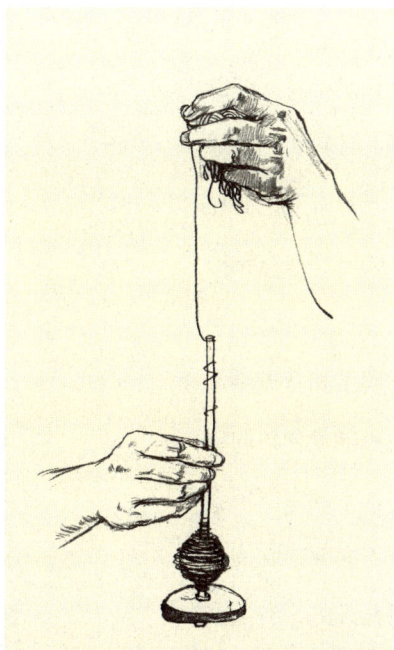
纺轮的使用方法复原

虽然半坡人利用纺轮纺出的线及织出的布无法保留至今，但从遗址中出土的陶器器身装饰的绳纹及器物底部发现的麻布印痕来看，半坡人已经采用经纬线交织的方法来织布，并且已能织出粗细不同的布，粗的类似今天的麻袋布，细的像今天的帆布。半坡遗址还发现了与纺织有关的工具骨刀、骨梭，骨刀是用于理丝或打纬成织的工具刀杼，骨梭则是织布时用来穿线的工具，专家据此推测，半坡人也已发明了原始的织布机，这时的纺织技术已超越了"手经指挂"的原始状态。当时的织布机应该是一种水平式的，一端固定经线，另一端系在腰间，使用时手持骨梭来回穿引编织，这样将经线与纬线交织在一起，最终织成为布。

经过纺织而成的布，是半坡人缝制衣服的原料，而骨针是半坡人缝制衣服的必备工具之一。半坡遗址出土的骨针都是经过选材、截料、刮磨成型和加工针眼等多道工序制作而成，针身粗细长短不一，光滑圆润，制作精巧，一端尖细锐利，最精致的是在仅 2 毫米左右的骨针的尾部都有钻出的针孔，以供穿线，这时半坡人缝制衣服已经相当普遍。

至于半坡人缝制的衣服样式，大概无一定式。根据民族学和考古学资料来推测，当时人们穿的衣服样式可能是上下相连的，也可能是分体的。上下相连式的衣服可能是用两幅较窄的布对折拼缝起来的，上部中间留着口，作为衣领，两侧留口作为袖口，这种衣服无上衣和下衣之分，腰间系一根绳子。另一种分体式的衣服，"衣"和"裳"可能是分开的，有上衣下衣之分，像短衫和短裙，上身主要护胸，没有衣领和衣袖，下身主要护

红陶钵底部的布纹印痕

腰和前身。这就是史前人类最原始的衣服样式了，衣服的出现不仅用来御寒防署，还起到了一定的装饰作用。

以麻布为主的纺织物及其相关遗迹、遗物，以及纺织工具如纺轮、骨针的出土，证明了半坡人已经开始有意识的种麻、纺线、织布、缝衣，麻布的纺织较为简单，可能是家庭副业的一部分，半坡遗址纺织品的出现，标志着仰韶时代纺织技术取得一定的发展。

骨针和纺轮的出现与发明，开启了人类美化自己、美化生活的新篇章，打响了纺织革命的第一枪，拉开了纺织革命前夜的序幕。它们的现身，给人类走向文明的时代注射了一支强心剂，使人类有条件谱写出无数可歌可泣的纺织文明的交响乐章。它们向我们叙述着几千年前人们不易走来的历程，照耀文明的光芒。

石砚

彩色世界的见证

半坡遗址发现的仰韶时代双臼窝石研磨器，可以说是真正意义上的砚台。它为我们了解新石器时代先民的艺术活动提供了重要依据，堪称"史前第一砚"。

2002—2005 年，在半坡遗址保护大厅改建工程中，考古人员在随工清理时发现了一件精致的石研磨器，在发现的所有遗物中，它是最为重要和别致的。石研磨器的质地为砂岩，呈不规则长方形，周边打制和打磨痕迹明显，正面经过打磨，非常光滑，中部略低。在中部有一个横向的椭圆形臼窝，其底部及边沿处有被长期摩擦并使用过的痕迹；在其一侧还有一个竖向的椭圆形臼窝，其边沿完整。刚出土时，在这两个臼窝内及周边，还附着有少量的红色颜料，特别是竖向的臼窝内残留的颜料痕迹更加明显。该石研磨器的背面，也处理得非常光滑，中部明显低于周边。这种造型有别于以往发现的石研磨器，而与以后的砚台形制十分接近，所以发掘者将之称为"砚"。

石砚

新石器时代（约6000年前）
长51厘米，宽26厘米，厚4.5～5厘米
2002-2005年西安半坡遗址出土
现藏于西安半坡博物馆

半坡遗址出土的一组石研磨器

　　无论是石研磨器，还是石砚，都是调和彩绘颜料、绘制彩绘图案的重要
器具，是新石器时代初期彩绘陶器发生与制作的重要基础。彩陶，我国新石
器时代所特有的一种文化因素，我国新石器时代诸多考古学文化包含有极具
特色的彩陶遗存，尤以仰韶文化多见，所以仰韶文化亦称"彩陶文化"。

　　彩陶是指在器物表面描绘图案后经过烧制而成的陶器，仰韶文化的彩
陶绝大多数是红地黑彩，黑色图案系用含铁矿物质的矿石颜料描绘，经过
600摄氏度左右的温度烧制而形成，半坡遗址发现的彩陶就属这一种类型。
较新石器时代彩陶为早的史前岩画，是人类祖先描绘、记录他们生产生活
内容的古老艺术形式，是人类社会早期特有的文化现象，在世界范围内广
泛分布，最早出现于旧石器时代晚期。

　　无论是史前彩陶还是史前彩绘岩画，其绘画所用的颜料，绝大多数是
从天然石头里提取的带有颜色的矿物质，如赤铁矿、朱砂、软锰矿等，将

其研磨成颗粒或粉末状，再和以水进行绘画。在提取和使用自然石块中的彩色矿物质时，所用的研磨器具，则是史前彩绘发生的根本原因之所在。

目前所见的史前时代颜料研磨器具皆为石质，石研磨器的出现脱胎于旧石器时代以来石器的加工制作技术。我国发现最早的研磨器具，可追溯到旧石器时代晚期距今 20000 年的下川文化，这时发现的石磨臼和石磨棒，与之同时发现的赭石颜料，说明彩绘技术在下川文化时期即已开始。1980年，山西省吉县狮子滩中石器时代遗址出土的一套磨盘和磨石，上面布满了朱砂痕迹，同出的还有 7 块赤铁矿石以及彩绘岩画。有学者认为从下川文化到前仰韶文化时期，我国的先民一直存在并传承彩绘技术，自陶器出

姜寨遗址出土的成套绘画工具

现后，彩绘从岩画及人身体上移绘到器物表面。

20 世纪 50 年代，在半坡遗址的发掘中，共发现了 6 件保存完整的石研磨器，有的磨盘还带有磨臼，磨臼内尚残留着研磨过颜料的痕迹，发掘者认为这些石研磨器应是当时人们专门用来研磨颜料的工具。无独有偶，1972 年，临潼姜寨遗址也发现了距今约 6000 多年前的一套绘画工具，出土于一座多人合葬墓中，集中摆放在一个人的脚下，反映出此人很可能是一位专门从事陶器绘画工作的人，这套绘画工具包括石磨臼 1 件、石研棒 1 件、红色颜料 4 块和调和颜料用的陶杯 1 件。石磨臼的上下两面光平，表面中央部位有圆窝，窝内壁等处留有红色颜料痕迹。石研棒是在石臼圆窝内把成块的颜料研磨成粉末状用的工具，研磨的一面已磨成斜角状，光亮的斜面上留有红色颜料。红色颜料呈黑红色，经鉴定属于赤铁矿性质的三氧化铁，与石磨臼和石研棒上的红色成分相同。

从旧石器时代以来发现的诸多石磨盘、磨臼等，在造型上大同小异，一般都是采用天然石块制作而成，在其表面凿出一个小圆坑，既可用于研磨，又可用作调和颜料。其使用方式均是通过磨棒的研磨，让矿物颜料与水达到互相交融的状态，与后世的砚台使用方法相近。因此，越来越多的发现，让考古学家将石研磨器与我国古代的砚联系起来。

砚，亦称砚台。许慎在《说文解字》中说："砚，石滑也，从石见声。"刘熙的《释名·释书契》则说："砚者，研也，可研墨使和濡也。"可见，研的最初发明，应与石头有关，而且是与古代研磨技术相关的工具。在东汉以前，砚还称为"研"，湖北江陵张家山汉简的遣册中有"研一，有子"的记载，"子"即"研子"，指握在手中的柱、块状用具，石质为多，也有陶质或玛瑙质的，可见研与研子是配套在一起使用的。"研"之所以要与"研子"配套使用，是因为东汉以前还没有发明人工墨锭，而是使用有相当硬度的天然矿物质颜料，这些颜料需要捣碎研磨后，才能使用。宋人苏易简在《文房四谱》中说道："昔黄帝得玉一纽，治为墨海焉，其上篆文曰：'帝鸿氏之砚'。"帝鸿氏是传说时代的黄帝，这时尚无篆书文字，所以这条记载当属杜撰，但他将砚的出现直指新石器时代晚期，为我们研究砚的历史提供了思路。下川文化发现石磨臼、大地湾一期遗存发现的石研磨盘均显得原始、古朴，姜寨遗址发现的一套石磨臼与石研棒、陶杯等，虽然造型较为简单，具有一定的原始性，石磨臼不具备砚"研墨使和濡"的基本功能，但已处在了研磨器向砚发展的过渡阶段。半坡遗址发现的石砚，则为我们提供了早期砚台的基本造型和功能，为我们研究砚台的历史提供了重要实物资料。

现在我们一般所见到的砚台，主要由砚堂、砚边、砚侧、砚池、砚岗、砚额、砚背及砚面八个部分组成。半坡遗址出土的这方石砚除了砚岗不明显外，已具备了构成砚台的其余基本要素。从功能上分析，这件石砚中部砚池有长期研磨的痕迹而侧面砚池却无，侧面砚池残留更为明显的红色颜料痕迹的现象，说明中部砚池主要用于研磨颜料，侧面砚池则是用于稀释颜料以及舔笔，已与砚台的使用方式无异。所以在半坡遗址发现的仰韶时代双臼窝石研磨器，可以说是真正意义上的砚台——也是目前已知中国最早的砚台。它为我们了解新石器时代先民的艺术活动提供了重要依据，堪称"史前第一砚"。

人类从发展之始，就在想尽办法地描绘自己认识的世界、表达内心的意识形态。他们对颜色的认识，也是在就地取材制作石器工具时，对自然界石块的选择过程中发现的。我国旧石器时代晚期的北京山顶洞人，就有安葬死者时在死者身上及周围撒赤铁矿粉末的现象，这是精神文化范畴的原始宗教活动，但这种行为恰恰证明了这时的人们已能将赤铁矿研磨成粉末，已有了研磨技术，只是尚未发现其研磨所用的器具。旧石器时代的彩绘岩画早于雕刻类岩画出现，更是这种颜料研磨技术的直接体现，欧洲早期洞穴彩绘岩画的内容以反映狩猎场景及狩猎巫术为主，是人们用色彩记录真实生活的表达形式。近现代一些少数民族中，有用色彩涂身，达到驱魔、保护自己等目的的现象，也是人们对于色彩力量的认识。而这些色彩的获得，绝大多数要靠研磨矿石颜料。因此，研磨器与人类社会的发展密切相关，与人类的精神追求亦相关，是人类心中的彩色世界的见证。

半坡遗址出土的石砚，是中华文明生命力的佐证之一，在我国长达几千年的历史长河中，虽几经形制变化，却依然保留初心。它为我们研究砚文化的发展史提供了重要实物资料，同时也开创了中国古代特有的砚文化之先河。